毎日の ドリル 学研

できたよ ★ シート

べんきょうが おわった ページの ばんごうに
「できたよシール」を はろう!

スタート　がんばるぞ!

1　2　3　4

JN052152

8　7

その ちょうし!

9　10　11　\チャレンジ/ 12　13

半分を すぎたよ!

18　17　16　15　14

19　20　21　22　\チャレンジ/ 23　24

あと ちょっと!

28　27　26　25

29　30　31　32

ゴール

\まとめテスト/ 35　\チャレンジ/ 34　33　32

プログラミング

プログラミングとは？

『毎日のドリル』ではプログラミングの
基本として8つの要素を扱っています。

分解

ひとつひとつの物事の中に
いくつかの要素を見つけ，分解すること

整理

個別の要素をまとめ，整理すること

条件

「かつ」や「または」，「〜でない(否定)」に
沿って考えること

順序

指示を順番に並べ，実行すること

繰り返し

指示の重複を見つけ，単純化すること

場合分け

さまざまなルールに応じて，指示を選択・実行すること

関数

与えられた値をもとに，指示を実行すること

アルゴリズム

プログラミング的思考を使って，物事を解決すること

※「関数」「アルゴリズム」の問題は「毎日のドリル プログラミング」にのみ収録しています。

「順序」「繰り返し」「場合分け」に取り組む際には，指示の手順をまとめた「フローチャート」を使うのが便利です。本書では，フローチャートを読み取り，フローチャートを作れるようになることを目指しています。

フローチャート

はじめ
↓
1ます　すすむ
↓
右を　むく
↓
おわり

監修者のことば

　身の回りのすべてがコンピュータになり，それを動かすプログラミングは読み書きと同様，生きる基礎になります。そしてこれからの新しい社会を構築するのは，未来を想像＆創造する子どもたちです。すでにプログラミングという武器を手に入れ，自らの創造力を発揮し，大人も驚くような作品をつくったり，発明品を開発して特許をとったり，友だちと一緒に学生のうちから起業したりする子どもたちがたくさん生まれています。
　プログラミングは自分のアイデアをカタチにする手段，自分の夢を実現するツールなのです。プログラミングで育まれる，論理的・創造的に考える習慣，テクノロジーを使いこなすスキルは，これからの世代に不可欠になるでしょう。　【監修】石戸奈々子

やりきれるから自信（じしん）がつく！

✓ 1日（にち）1枚（まい）の勉強（べんきょう）で，学習習慣（がくしゅうしゅうかん）が定着（ていちゃく）！

◎目標（もくひょう）時間（じかん）に合（あ）わせ，無理（むり）のない問題数（もんだいすう）で構成（こうせい）されているので，
「1日（にち）1枚（まい）」やりきることができます。

◎解説（かいせつ）が丁寧（ていねい）なので，学校（がっこう）で習（なら）っていない内容（ないよう）でも勉強（べんきょう）を進（すす）めることができます。

✓ すべての学習（がくしゅう）の土台（どだい）となる「基礎力（きそりょく）」が身（み）につく！

◎スモールステップで構成（こうせい）され，1冊（さつ）の中（なか）で繰（く）り返（かえ）し練習（れんしゅう）していくので，
確実（かくじつ）に「基礎力（きそりょく）」を身（み）につけることができます。

✓ 勉強管理（べんきょうかんり）アプリの活用（かつよう）で，楽（たの）しく勉強（べんきょう）できる！

◎設定（せってい）した勉強時間（べんきょうじかん）にアラームが鳴（な）るので，学習習慣（がくしゅうしゅうかん）がしっかりと身（み）につきます。

◎時間（じかん）や点数（てんすう）などを登録（とうろく）していくと，成績（せいせき）がグラフ化（か）されたり，
賞状（しょうじょう）をもらえたりするので，達成感（たっせいかん）を得（え）られます。

◎勉強（べんきょう）をがんばると，キャラクターとコミュニケーションを
取（と）ることができるので，日々（ひび）のモチベーションが上（あ）がります。

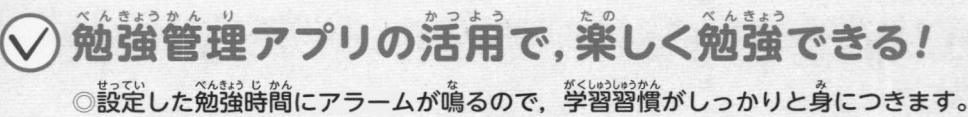

1 1日（にち）1枚（まい）（表（おもて）と裏（うら）），集中（しゅうちゅう）して解（と）きましょう。

2 おうちの方（かた）に，答（こた）え合（あ）わせをしてもらいましょう。

3 「できたよシート」に，「できたよシール」をはりましょう。

4 アプリに得点（とくてん）を登録（とうろく）しましょう。

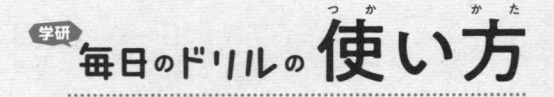

毎日のドリル 勉強管理アプリ

「毎日のドリル」シリーズ専用、スマートフォンやタブレットで使える無料アプリです。1つのアプリでシリーズすべてを管理でき、学習習慣が楽しく身につきます。

1 「毎日のドリル」の学習を徹底サポート！

目標時間を意識しよう！

勉強中
0分09秒
目標：10分00秒

- 毎日の勉強タイムをお知らせする「タイマー」
- かかった時間を計る「ストップウォッチ」
- 勉強した日を記録する「カレンダー」
- 入力した得点を「グラフ化」

2 キャラクターと楽しく学べる！

好きなキャラクターを選ぶことができます。勉強をがんばるとキャラクターが育ち、「ひみつ」や「ワザ」が増えます。

3 1冊終わると、ごほうびがもらえる！

ドリルが1冊終わるごとに、賞状やメダル、称号がもらえます。

これは やる気が でちゃうぞ！

4 漢字と英単語のゲームにチャレンジ！

ゲームで、どこでも手軽に、楽しく勉強できます。漢字は学年別、英単語はレベル別に構成されており、ドリルで勉強した内容の確認にもなります。

自己ベスト更新目指そう！

漢字のよみがなを当てよう

単語のいみを当てよう

アプリの無料ダウンロードはこちらから！
https://gakken-ep.jp/extra/maidori!

【推奨環境】
■各種Android端末：対応OS Android6.0以上
■各種iOS（iPadOS）端末：対応OS iOS10以上
※対応OSであっても、Intel CPU (x86 Atom)搭載の端末では正しく動作しない場合があります。対応OSや対応機種については、各ストアでご確認ください。
※お客様のネット環境および携帯端末によりアプリでご利用できない場合、当社では責任を負いかねますので、ご了承ください。
また、事前の予告なく、サービスの提供を中止する場合がありますので、ご了承、ご了承くださいますようお願いいたします。

分かい
なか間に 分けよう

1 ──線── を 引いて，2つの なか間に 分けましょう。
どんな なか間に 分けたか，☐ から えらび，
（　）に 記ごうを 書きましょう。

1つ25点【50点】

> ア 書く もの　　　イ 読む もの　　　ウ あそぶ もの
> エ 書かれる もの　　オ みに つける もの

①

（　　　　　）と（　　　　　）

②

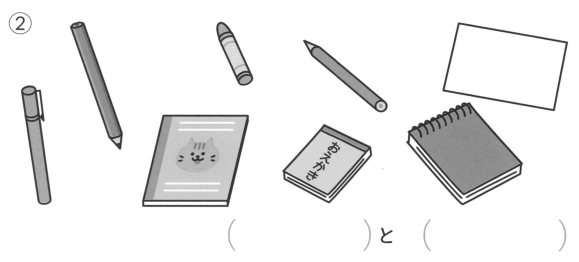

（　　　　　）と（　　　　　）

2 下の　ものを，2つの　なか間に　分けます。
（　　）に　記ごうを　書きましょう。

1つ25点【50点】

見方に　よって，べつの
分け方が　できるんだね。

① 生きもの　　　　　と　　のりもの
（　　　　　　　　）　（　　　　　　　　）

② 海の　もの　　　　　と　　りくの　もの
（　　　　　　　　）　（　　　　　　　　）

これから　いっしょに　がんばろう！

答え ▶ 79ページ

くぎって　分けよう

月　　日　　**10**分

とく点

点

1 ケーキを　4つに　分けます。それぞれに　2しゅるいの　かざりや　くだものが　のるように，同じ　形に　分けます。切る　＿＿線＿＿を　引きましょう。　　　1つ20点【40点】

①

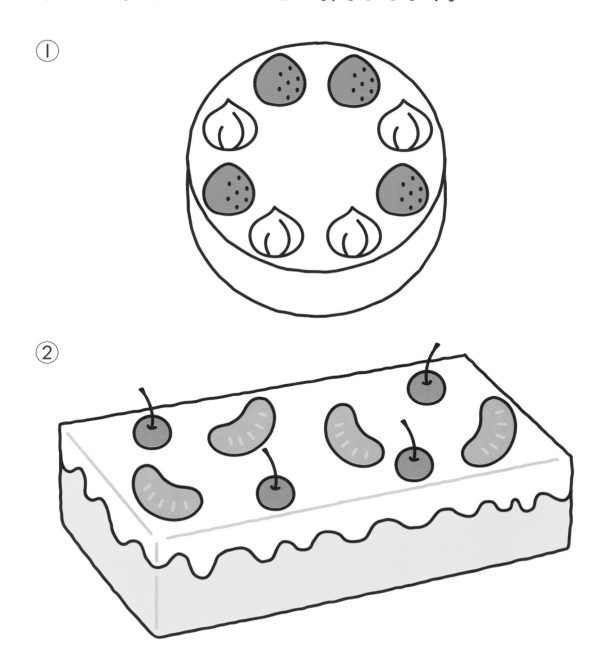

②

2　下の　カレンダーを　見て，答えましょう。

1つ20点【60点】

1月						
日	月	火	水	木	金	土
①	2	3	4	5	6	7
8	⑨	10	11	12	13	14
15	16	17	18	19	20	21
22	23	24	25	26	27	28
29	30	31				

2月						
日	月	火	水	木	金	土
			1	2	3	4
5	6	7	8	9	10	⑪
12	13	14	15	16	17	18
19	20	21	22	㉓	24	25
26	27	28				

3月						
日	月	火	水	木	金	土
			1	2	3	4
5	6	7	8	9	10	11
12	13	14	15	16	17	18
19	20	㉑	22	23	24	25
26	27	28	29	30	31	

4月						
日	月	火	水	木	金	土
						1
2	3	4	5	6	7	8
9	10	11	12	13	14	15
16	17	18	19	20	21	22
23	24	25	26	27	28	㉙
30						

5月						
日	月	火	水	木	金	土
	1	2	③	④	⑤	6
7	8	9	10	11	12	13
14	15	16	17	18	19	20
21	22	23	24	25	26	27
28	29	30	31			

6月						
日	月	火	水	木	金	土
				1	2	3
4	5	6	7	8	9	10
11	12	13	14	15	16	17
18	19	20	21	22	23	24
25	26	27	28	29	30	

7月						
日	月	火	水	木	金	土
						1
2	3	4	5	6	7	8
9	10	11	12	13	14	15
16	⑰	18	19	20	21	22
23	24	25	26	27	28	29
30	31					

8月						
日	月	火	水	木	金	土
		1	2	3	4	5
6	7	8	9	10	⑪	12
13	14	15	16	17	18	19
20	21	22	23	24	25	26
27	28	29	30	31		

9月						
日	月	火	水	木	金	土
					1	2
3	4	5	6	7	8	9
10	11	12	13	14	15	16
17	⑱	19	20	21	22	㉓
24	25	26	27	28	29	30

10月						
日	月	火	水	木	金	土
1	2	3	4	5	6	7
8	⑨	10	11	12	13	14
15	16	17	18	19	20	21
22	23	24	25	26	27	28
29	30	31				

11月						
日	月	火	水	木	金	土
			1	2	③	4
5	6	7	8	9	10	11
12	13	14	15	16	17	18
19	20	21	22	㉓	24	25
26	27	28	29	30		

12月						
日	月	火	水	木	金	土
					1	2
3	4	5	6	7	8	9
10	11	12	13	14	15	16
17	18	19	20	21	22	23
24	25	26	27	28	29	30
31						

○は　しゅく日

① 12月，1月，2月が　冬，そのあと，3か月ごとに　春，夏，秋に　なります。夏の　月を　書きましょう。
（　　　月，　　　月，　　　月）

② しゅく日の　ある　なしで　分けます。しゅく日の　ない　月を　書きましょう。（　　　月，　　　月）

③ しゅく日が　いちばん　少ない　秋の　月を　書きましょう。
（　　　月）

アプリに　とく点を　とうろくしてね！

答え ▶ 79ページ

1 ピースを　組み合わせて，形を　作ります。
①から　③の　ピースでは，どの　形が　作れますか。
記ごうを　すべて　書きましょう。

1つ20点【60点】

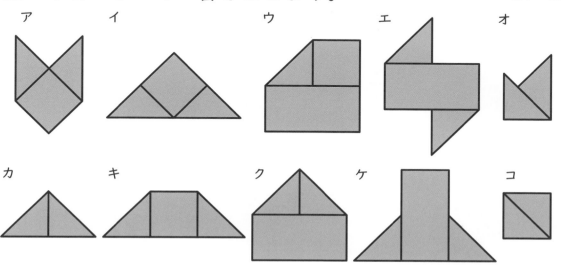

ア　イ　ウ　エ　オ

カ　キ　ク　ケ　コ

作れない　形も
まじって　いるよ。

① 　　　　（　　　　　　）

② 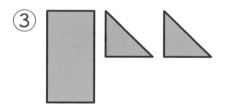　　　　（　　　　　　）

③ 　　　　（　　　　　　）

9

ピースを 組み合わせて，形を 作ります。
①，②の ピースで，作れない 形は どれですか。
記ごうで 答えましょう。

回したり，ひっくり
かえしたり してね。

よく がんばったね！ えらい！

答え ▶ 80ページ

せい理 何を するか きめよう

1 3人が　したい　あそびを　言って　います。
つぎの　もんだいに　答えましょう。あてはまる　ものは
すべて　書きましょう。あてはまる　ものが　ない
ときは,「なし」と　書きましょう。

1つ15点【60点】

だいきさん

サッカーか　ドッジボール。

ゆりさん

てつぼうか　ドッジボールか
なわとび。

ゆうかさん

サッカーか　なわとびか
ドッジボール。

① 1人だけが　したいと　言って　いる　あそびは
何ですか。　　　　　　　　　（　　　　　　　　　）

② 2人だけが　したいと　言って　いる　あそびは
何ですか。　　　　　　　　　（　　　　　　　　　）

③ 3人とも　したいと　言って　いる　あそびは
何ですか。　　　　　　　　　（　　　　　　　　　）

④ 3人は,　何を　して　あそべば　よいですか。

（　　　　　　　　　）

2 3人が，行きたい　ところを　言って　います。
つぎの　もんだいに　答えましょう。

えいたさん

公園か　プールに　行きたい。

えみさん

プールじゃ　ない　ところなら
どこでも　行きたい。

りょうさん

図書かんか　体いくかんに
行きたいけれど，2人が　行きたい
ところなら，ぼくも　行きたい。

① えみさんの　行きたい　ところ　すべてに，○を
書きましょう。
（　　　）プール　　　　　（　　　）図書かん
（　　　）体いくかん　　　（　　　）公園

② えいたさんと　えみさんの　どちらも　行きたい
ところは　どこですか。　（　　　　　　　　　　　）

③ りょうさんの　行きたい　ところ　すべてに，○を
書きましょう。
（　　　）プール　　　　　（　　　）図書かん
（　　　）体いくかん　　　（　　　）公園

④ 3人は　どこへ　行けば　よいですか。
（　　　　　　　　　　　）

その　ちょうし！

12

1 みんなで うどんに のせる ぐを えらんで います。
（　　）に あてはまる ぐを すべて 書きましょう。

1つ15点【60点】

ちくわ天ぷら
50円

やさい天ぷら
60円

えび天ぷら
100円

あぶらあげ
50円

あじたまご　70円

めんたいこ　90円

天ぷらで
いちばん 高い
ものが いい。

60円まででで
天ぷらじゃ
ない ものが
いいな。

いちばん
やすい
ものから
じゅんに
2つ。

天ぷらじゃ
なくて,
いちばん
高い もの。

①
ひろきさん

②
あゆみさん

③
ゆうすけさん

④
ゆきさん

（　　　　　　）（　　　　　　）（　　　　　　）（　　　　　　）

（　　　　　　）

2 4人が, 食べたい ケーキを 言って います。
あてはまる ケーキを すべて えらび, (　　)に
記ごうを 書きましょう。

もんだいを
よく 読もう。

だいきさん

チョコも
いちごも ある。
(　　　　　　　)

ゆうかさん

チョコが あるか,
上に 何も
のっていない。
(　　　　　　　)

ゆりさん

くりと いちごの
どちらかが ある。
(　　　　　　　)

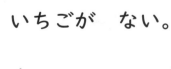
とおるさん

いちごが ない。
(　　　　　　　)

毎日 こつこつ がんばろう!

答え ▶ 81ページ

6 じょうけん(り)　すい理を　しよう

1 うんどう会の　かりものきょうそうです。ヒントを　見て，かりる　ものを　□に　書きましょう。

1つ10点【40点】

① ・2，4，5番目の　文字は，じゅんに，う，ろ，こ。
・ならべかえると，「こうしもろと」。

1番目	2番目	3番目	4番目	5番目	6番目

② ・3，4，5番目の　文字は，じゅんに，ど，う，ぐ。
・1，2，3番目の　文字を　ならべかえると，「うどん」。
・6番目の　文字は，つ。

③ ・1，6番目の　文字は，じゅんに，い，つ。
・5，3，2番目の　文字は，じゅんに，ぴ，え，ろ。
・5，4番目の　文字は，じゅんに，ぴ，ん。

④ ・1，6番目の　文字は，じゅんに，や，り。
・き，ぎ，の　文字が　どこかに　ある。
・お，に，の　文字が　つづいて　ならんで　いる。

2 どうぶつ園に　行ったら，どうぶつの　名前が
クイズに　なって　いました。どうぶつの　名前を
□に　書きましょう。　　　　　　　　　　　　1つ15点【60点】

① ・2，4番目は　同じ　文字で，マ。

　　・1，3番目の　文字を　ならべかえると，ウ，シ。

1番目	2番目	3番目	4番目

② ・1，3，5番目の　文字は，じゅんに，ニ，キ，ビ。

　　・2，4番目の　文字は，ヘ　または　シ。

③ ・3，5，6番目の　文字を　ならべかえると，
　　ゾ，ウ，リ。

　　・1，3，4番目の　文字を　ならべかえると，
　　ア，カ，リ。

　　・2番目の
　　文字は　フ。

④ ・2，3，6番目の　文字を　ならべかえると，
　　タ，ラ，ン。

　　・1，4，5，7番目の　文字を　ならべかえると，
　　ウ，オ，ー，ン。

今日も　ぜっこうちょう！

答え ▶ 81ページ

1 絵の サンドイッチに するには，どの じゅん番に のせたら よいですか。▢から えらび，▢に 記ごうを 書きましょう。

1つ5点【40点】

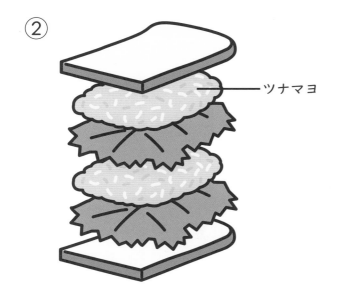

①
— パン
— ハム
— たまご
— レタス

1 パンを おく。
2 ▢ を のせる。
3 たまごを のせる。
4 ▢ を のせる。
5 ▢ を のせる。

②
— ツナマヨ

1 パンを おく。
2 ▢ を のせる。
3 ▢ を のせる。
4 ▢ を のせる。
5 ▢ を のせる。
6 ▢ を のせる。

ア パン　イ ハム　ウ ツナマヨ　エ レタス

17

2 ぎょうざを 絵のように 作ります。できて いく
じゅん番どおりに ☐から えらび，フローチャートの
☐に 記ごうを 書きましょう。

1つ15点【60点】

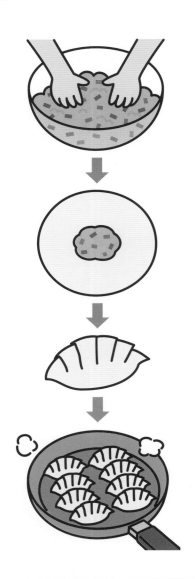

フローチャートとは，下のように
ながれを 矢じるしで
あらわした 図だよ。

はじめ

① ☐

② ☐

③ ☐

④ ☐

おわり

ア やく	イ たねを まぜる
ウ たねを かわで つつむ	エ かわに たねを のせる

毎日の べんきょうで，力は ついて いるよ！

答え ▶ 81ページ

じゅんじょ
じゅんじょを　さがそう

月　　日　　10分

とく点

点

1 3人で　すごろくを　しました。3人とも
⊡, ⊡, ⊞, ⊠の　目が　1回ずつ　出ました。

①②10点，③20点【40点】

① あきらさんは　⊡⊡⊞⊠の　じゅんに　出ました。
あきらさんの　いる　ますに　□を　書きましょう。

② みおさんは　⊞⊡⊠の　じゅんに　出ました。
みおさんの　いる　ますに　△を　書きましょう。

③ ゆうさんは　ゴールまで　行きました。ゆうさんの
出した　目に　○を　書きましょう。

⊠⊡⊞⊡（　　　）　　　⊞⊡⊠⊡（　　　）　　　⊡⊞⊡⊠（　　　）

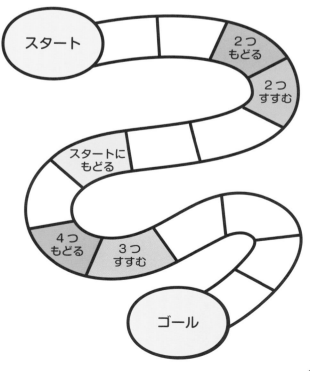

たとえば，はじめに　3が
出た　とき，3　すすみます。
しかし，すすんだ　ますに，
「2つ　もどる」と　ある
ので，じっさいには，1つ
しか　すすめません。

2 サイコロを　ふって，
⚀，⚁，⚂，⚃の　目が
1回ずつ　出ると　します。

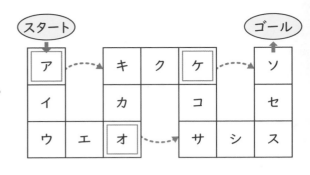

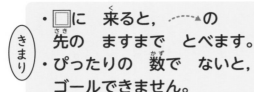

きまり
・□に　来ると，⌒▲の
　先の　ますまで　とべます。
・ぴったりの　数で　ないと，
　ゴールできません。

1つ20点【60点】

① ⚂・⚃・⚀・⚁の　じゅんなら，
どう　すすみますか。
フローチャートの
□に，アから　ソの
記ごうを　書きましょう。

② ⚃・⚁・⚀・⚂の　じゅんなら，
ゴールまで　行けます。
フローチャートの
□に，アから　ソの
記ごうを　書きましょう。

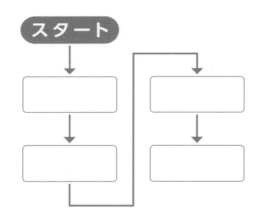

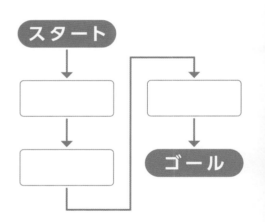

③ はじめに　⚁が　出るとき，ゴールまで　行けるように
□に　さいころの　目を　かきましょう。

よく　考えて　できたかな？

答え ▶ 82ページ

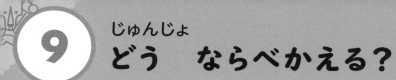

9 じゅんじょ
どう ならべかえる？

1 人形の おく 場しょを まちがえて しまいました。
正しい 場しょに ならべかえようと 思います。
□に 数字と 記ごうを 書き，うごかしましょう。

1つ10点【40点】

正しい おき場しょ

ア　　　イ　　　ウ　　　エ

① □1□ を □エ□ へ　　② □3□ を □□ へ

③ □□ を □□ へ　　④ □□ を □□ へ

1の 人形を エの 場しょに 1回 おいて，あいた
アの 場しょに 正しい 人形を おくんだね。

21

2 5つの 人形を ならべます。5つ目を おこうと した
とき，おき方を まちがえた ことに 気づきました。
正しい 場しょに ならべかえる じゅんじょを，
□に 数字と 記ごうで 書きましょう。

1つ12点【60点】

正しい おき場しょ

ア イ ウ エ オ

ア イ ウ エ オ

5

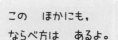

この ほかにも，
ならべ方は あるよ。

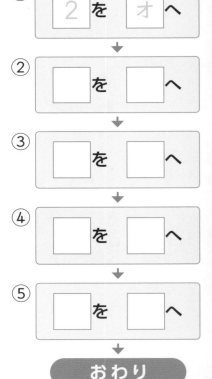

はじめ

① [2] を [オ] へ

② □ を □ へ

③ □ を □ へ

④ □ を □ へ

⑤ □ を □ へ

おわり

うまく ならべられたかな？

答え ▶ 82ページ

10 じゅんじょ
じゅんじょを きめよう

月　　日　**10**分

とく点

点

1 れんさんは,朝 おきてから 家を 出る までに する ことの じゅんじょを 考えて います。
する ことの じゅんに,記ごうを 書きましょう。

1つ10点【50点】

れんさん

・ごはんを 食べる 前に きがえたいな。
・トイレは さい後に しよう。
・おきて すぐに 顔を あらうぞ。
・ごはんを 食べてから はみがきしよう。

ア ごはんを
　 食べる。

イ トイレに
　 行く。

ウ 顔を
　 あらう。

エ はを
　 みがく。

オ きがえる。

この 5つの
じゅんじょを
きめるんだね。

① （　　） ② （　　） ③ （　　） ④ （　　） ⑤ （　　）

23

2 れんさんは，家から 学校へ 行く 道を 考えて います。
どの 道を，どの じゅんに 通れば よいですか。
フローチャートの □に 記ごうを 書きましょう。

1つ10点【50点】

・とおまわりは しないぞ。
・さきさんと としさんの 家に
　よって，いっしょに 行く。
・歩道 (□) が あれば，歩道を 歩く。
・おうだん歩道を わたらなくちゃ。

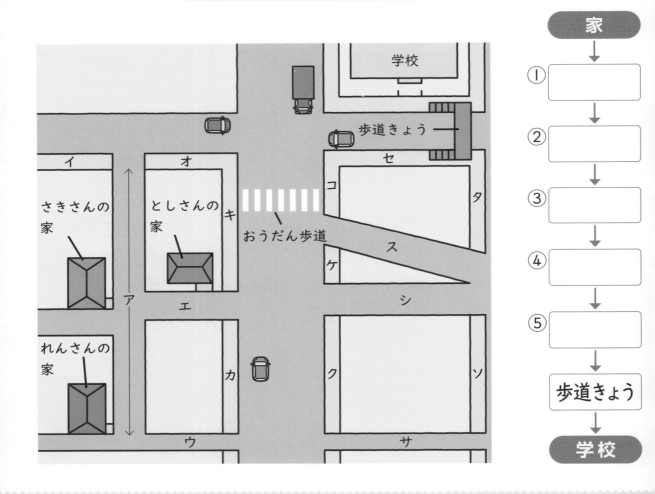

家
↓
① □
↓
② □
↓
③ □
↓
④ □
↓
⑤ □
↓
歩道きょう
↓
学校

見直しは ちゃんと したかな?

答え ▶ 83ページ

11 道を すすもう

月　日　10分

とく点

点

1 どうくつを たんけんします。①，②のように 歩くと どこに 行きますか。（　　）に 記ごうを 書きましょう。

1つ10点【40点】

① はじめ
↓
| つぎの 分かれ道まで すすむ |

↓
| 右を むく |

↓
| つぎの 分かれ道まで すすむ |　（　　）
↓
| 左を むく |

↓
| つぎの 分かれ道まで すすむ |

↓
おわり　（　　）

② はじめ
↓
| つぎの 分かれ道まで すすむ |

↓
| 左を むく |

↓
| つぎの 分かれ道まで すすむ |

↓
| 左を むく |

↓
| つぎの 分かれ道まで すすむ |　（　　）
↓
| 右を むく |

↓
| つぎの 分かれ道まで すすむ |

↓
おわり　（　　）

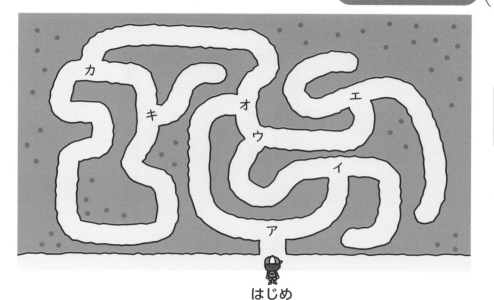

さいしょの 分かれ道は アだね。

2 めいろ山に のぼります。どんな じゅんじょで すすめば よいでしょう。右下の フローチャートの □ に あてはまる ことばを □ から えらび, 記ごうで 書きましょう。

1つ10点【60点】

ア つぎの 分かれ道まで すすむ
イ 右を むく
ウ 左を むく

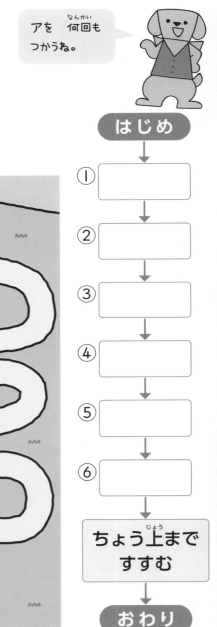

アを 何回も つかうね。

はじめ

①

②

③

④

⑤

⑥

ちょう上まで すすむ

おわり

じゅんじょの ことは かんぺきだ！

答え ▶ 83ページ

① 絵を かいて あそんで いた りささんが 言いました。

「見て, □ 5つで こんな 形が できた。」

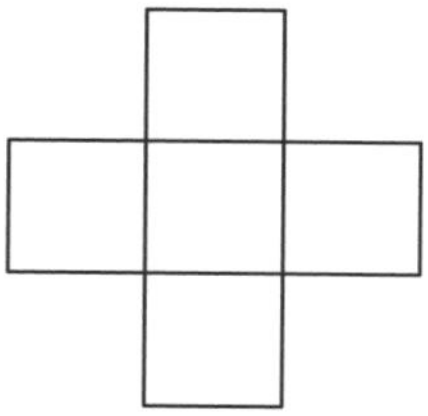

「あ, ぼくも かいて みよう。」

しょうさんも さっそく かいて,

りささんに かいた ものを 見せました。

「ほかにも いろいろな 形が

できるね。」

「そうだね。」

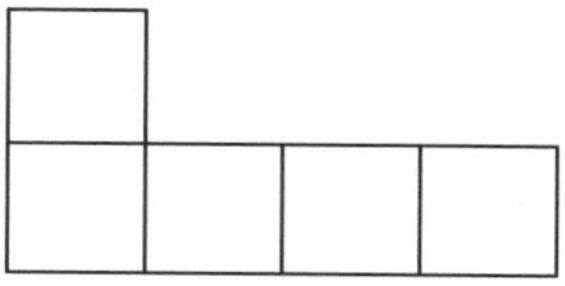

2人は さらに かきはじめました。

あなたも, □を 5つ つかって, 思いつく 形を

すきなだけ かいて みましょう。

27

2 下のような　タイルが　たくさん　あります。りささんと
しょうさんが、これらを　つかって、いろいろな　形を
作ろうと　話して　います。大きさは　じゆうに
かえたり、ひっくりかえしたり　する　ことが　できます。

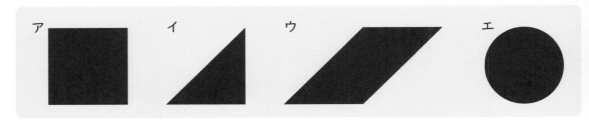

しょうさん　「アを　1まい，イを　5まい，
　　　　　　　ウを　1まい，エを　2まい
　　　　　　　つかって，家を　作ったよ。」

りささん　　「わたしも　同じ　タイルで
　　　　　　　魚を　作ったよ。」

しょうさん　「なるほど。じゃあ、べつの
　　　　　　　タイルも　つかって，
　　　　　　　いろいろ　作るぞ。」

アから　エの　タイルを　すきなだけ
つかって，あなたも　じゆうに　形を　作って　みましょう。

答え ▶ 84ページ

13 くりかえし
くりかえすと どう なる？

月　日　10分　とく点　点

1 色の ならびが くりかえして います。
つづきを ぬりましょう。

1つ10点【40点】

① はちまき

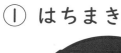

② マフラー

③ はた

④ カーテン

2 ふしぎな 文が あります。
①から ④に ある くりかえしの きまりどおりに
読み，その 文を （　　）に 書きましょう。　　1つ15点【60点】

はじめ	お	こ	い	ま	し	と	い	ふ	た	り	こ	こ	まわり

① | 読む | 読まない | を くりかえします。

（　　　　　　　　　　　　　　　　　　　　　　　　）

「お」を 読んで 「こ」を 読まない，
「い」を 読んで 「ま」を 読まない，
の くりかえしだよ。

② | 読まない | 読む | を くりかえします。

（　　　　　　　　　　　　　　　　　　　　　　　　）

③ | 読む | 読まない | 読まない | を くりかえします。

（　　　　　　　　　　　　　　　　　　　　　　　　）

④ | 読まない | 読む | 読まない | 読まない | を くりかえします。

（　　　　　　　　　　　　　　　　　　　　　　　　）

毎日 よく がんばって いるね！

答え ▶ 84ページ

くりかえし

どんな ならび方?

とく点

点

1 ならび方を　よく　見て，□に　あてはまる　ものを
えらび，記ごうで　答えましょう。

1つ10点【40点】

①

ア

イ

ウ

②

ア

イ

③

ア

イ

④

ア

イ

ウ

31

2 ある きまりで 文字が ならんで います。□に
あてはまる 文字を 書きましょう。

1つ10点【30点】

① あ い う う い あ あ い う □ …

② 一 丁 下 正 正 一 丁 下 □ …

③ 1 2 3 2 1 2 3 2 1 2 3 □ …

3 ある きまりで 形が ならんで います。①から ③の
右はしに あてはまる 形を かきましょう。

1つ10点【30点】

少し むずかしいけど，ゆっくり 考えよう！

答え ▶ 85ページ

くりかえし
音楽の　くりかえし

1 下の 音楽の メロディには,「くりかえし」が あります。
くりかえして いる ぶぶんを, ○で かこみましょう。

1つ10点【40点】

（れい）

こんな ふうに やるよ。

①

②

③

④

2 リズムに 合わせて 手を たたきます。

・手を 1回 たたく ときを （タン）と します。

・1回 はやく たたく ときを （タ）と します。

・たたかない ときを （ウン）と します。

（　　）に，「タン」「タ」「ウン」の どれかを
書きましょう。

1つ15点【60点】

① タン　　タン　　ウン　　タン　　タン　　ウン　　タン　　タン

（　　　）

② タン　　タ　　タ　　タン　　タ　　タ　　タン

（　　　）

③ タ　　タ　　ウン　　タ　　タ　　ウン　　タ　　タ　　ウン

（　　　）

④ タン　　タ　　タ　　ウン　　タン　　タ　　タ　　ウン

（　　　）

リズム よく できたかな？

答え ▶ 85ページ

16 くりかえし
体そうの くりかえし

1 体そうの うごきを, フローチャートの ように 書きあらわしました。 1つ25点【50点】

① アから エの うごきは どれ ですか。○を 書きましょう。

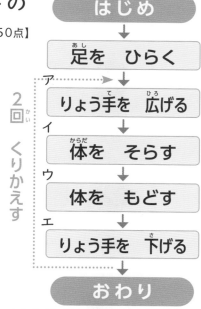

はじめ

↓

足を ひらく

↓

ア　りょう手を 広げる

↓

イ　体を そらす

↓

ウ　体を もどす

↓

エ　りょう手を 下げる

↓

おわり

2回 くりかえす

上の フローチャートでは アから エの うごきを 合計で 2回 するよ。

② フローチャートに 書きあらわした 体そうは, 下の どれでしょう。○を 書きましょう。

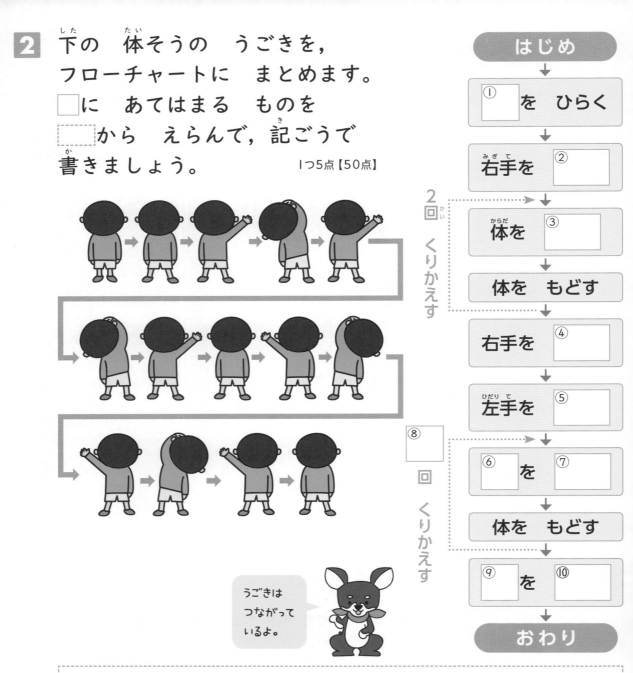

2 下の 体そうの うごきを,
フローチャートに まとめます。
□に あてはまる ものを
□ から えらんで, 記ごうで
書きましょう。　　　　1つ5点【50点】

はじめ
↓
① を ひらく
↓
右手を ②
↓
体を ③
↓
体を もどす
↓
右手を ④
↓
左手を ⑤
↓
⑥ を ⑦
↓
体を もどす
↓
⑨ を ⑩
↓
おわり

2回 くりかえす

⑧
回 くりかえす

うごきは
つながって
いるよ。

ア 2	イ 3	ウ 足	エ 右手
オ 左手	カ 上げる	キ 下げる	ク 体
ケ 左に まげる		コ 右に まげる	

つかれたときは 体そうを しよう!

答え ▶ 85ページ

くりかえし
道を すすもう

月　　日　　10分

とく点　　　　　　　　点

1 スタートから ⬆ ➡ と すすむと，アへ 行きます。
つぎの もんだいに 答えましょう。

1つ20点【60点】

まず，
上，右と
すすんだん
だね。

① ⬆ ➡ を 3回 くりかえすと，どこへ
行きますか。上の 絵に ○を 書きましょう。

② ➡ ➡ ⬆ を 3回 くりかえすと，どこへ
行きますか。上の 絵に △を 書きましょう。

③ ⬆ ⬆ ➡ ➡ を 3回 くりかえすと，どこへ
行きますか。上の 絵に ×を 書きましょう。

2 スタートから ⬆➡を 2回 くりかえす ことを，右のように 書きます。
①，②，③，④へ 行くには，アから エの どの フローチャートで すすめば よいですか。記ごうで 答えましょう。

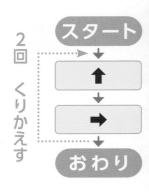

1つ10点【40点】

ア　スタート　　イ　スタート　　ウ　スタート　　エ　スタート

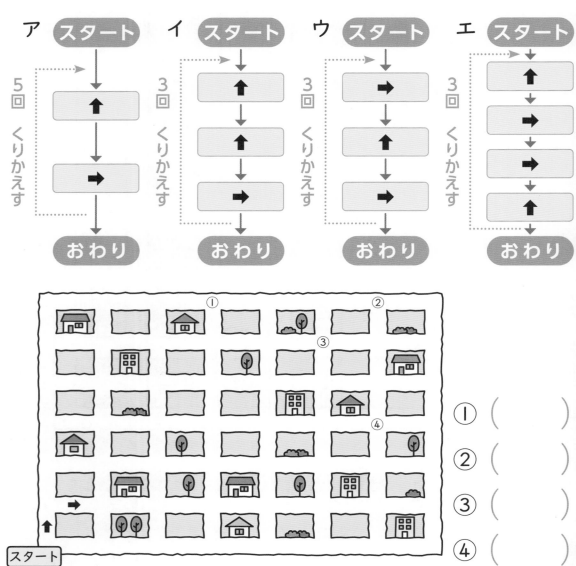

① （　　）

② （　　）

③ （　　）

④ （　　）

くりかえしの ことは かんぺきだ！

答え ▶ 86ページ

38

場合分け
ごみの　出し方

1 えいたさんの　町では，ごみの　出し方に　つぎの
きまりが　あります。3人が　きまりどおりに　ごみを　出す
曜日を　書きましょう。

1つ5点【45点】

月曜日…空きかん・空きびん
火曜日…生ごみ
水曜日…新聞紙・ダンボールなどの　紙の　ごみ
木曜日…プラスチックごみ
金曜日…きけんぶつ

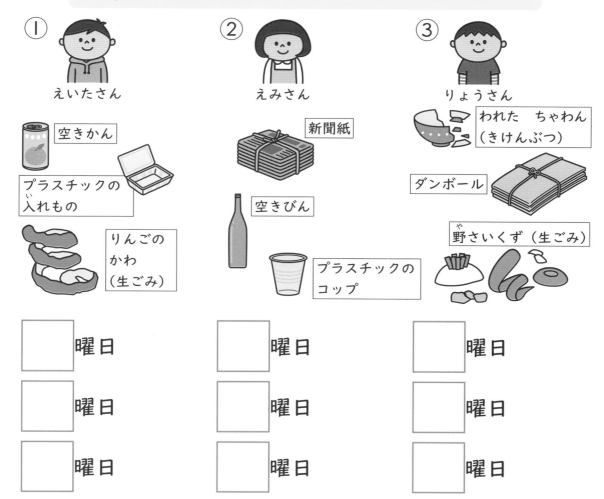

①　えいたさん　空きかん　プラスチックの　入れもの　りんごの　かわ（生ごみ）

②　えみさん　新聞紙　空きびん　プラスチックの　コップ

③　りょうさん　われた　ちゃわん（きけんぶつ）　ダンボール　野さいくず（生ごみ）

☐ 曜日　　☐ 曜日　　☐ 曜日

☐ 曜日　　☐ 曜日　　☐ 曜日

☐ 曜日　　☐ 曜日　　☐ 曜日

2 やよいさんは, ごみを 町の きまりどおり, 下のように 出します。

生ごみ

月曜日と
木曜日

プラスチックごみ
火曜日と
金曜日

ダンボール　空きかん　空きびん
新聞紙
水曜日

ペットボトル
火曜日

やよいさんの 町の ごみの 出し方の きまりに なる ように, □に ごみの しゅるいを すべて 記ごうで 書きましょう。

1つ11点【55点】

ア　空きかん　　　　　　イ　空きびん　　　ウ　生ごみ
エ　プラスチックごみ　　オ　ペットボトル
カ　ダンボール　　　　　キ　新聞紙

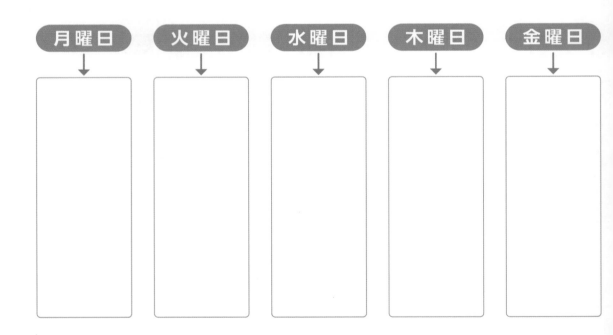

月曜日	火曜日	水曜日	木曜日	金曜日
↓	↓	↓	↓	↓

アプリに とく点を とうろくしよう！

答え ▶ 86ページ

みに つける ものを きめよう

場合分け

1 りかさんは，曜日ごとに はく くつ下を かえて
います。ただし，雨が ふった ときは，曜日に
かんけい なく きまった くつ下を はきます。
①から ⑦の 日に はいた くつ下を，記ごうで
書きましょう。

1つ10点【70点】

日曜日	月曜日	火曜日	水曜日	木曜日	金曜日	土曜日	雨の日

ア　　　イ　　　ウ　　　エ

オ　　　カ　　　キ　　　ク

① 4月5日　　火曜日　晴れ………（　　）

② 4月6日　　水曜日　くもり……（　　）

③ 4月7日　　木曜日　雨…………（　　）

④ 4月8日　　金曜日　晴れ………（　　）

⑤ 4月9日　　土曜日　晴れ………（　　）

⑥ 4月10日　日曜日　くもり……（　　）

⑦ 4月11日　月曜日　雨…………（　　）

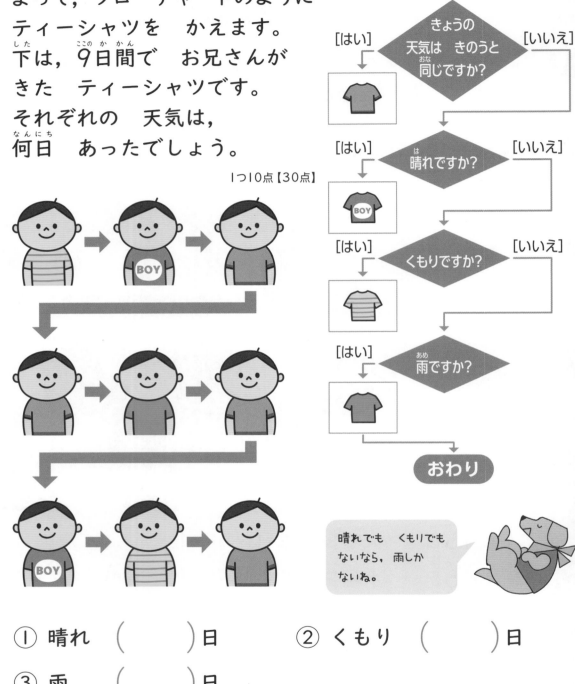

2 りかさんの　お兄_{にい}さんは，天気_{てんき}に
よって，フローチャートのように
ティーシャツを　かえます。
下_{した}は，9日間_{ここのかかん}で　お兄さんが
きた　ティーシャツです。
それぞれの　天気は，
何日_{なんにち}　あったでしょう。

1つ10点【30点】

はじめ

きょうの
天気は　きのうと
同_{おな}じですか？
[はい]　[いいえ]

晴_はれですか？
[はい]　[いいえ]

くもりですか？
[はい]　[いいえ]

雨_{あめ}ですか？
[はい]

おわり

晴れでも　くもりでも
ないなら，雨しか
ないね。

① 晴れ　（　　　）日　　② くもり　（　　　）日

③ 雨　　（　　　）日

よく　考_{かんが}えられたね！　えらい！

答え ▶ 87ページ

めいろを　すすもう

1 下の　めいろを
すすみます。右の
フローチャートに
そって　スタートから
ゴールまで
行きましょう。　【40点】

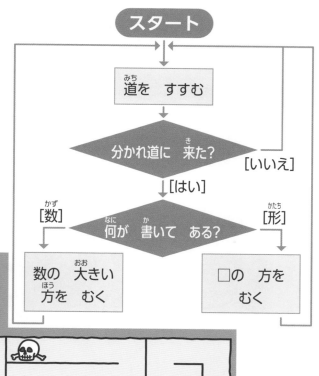

スタート

道を　すすむ

分かれ道に　来た？　[いいえ]

↓[はい]

[数]　　何が　書いて　ある？　　[形]

数の　大きい
方を　むく

□の　方を
むく

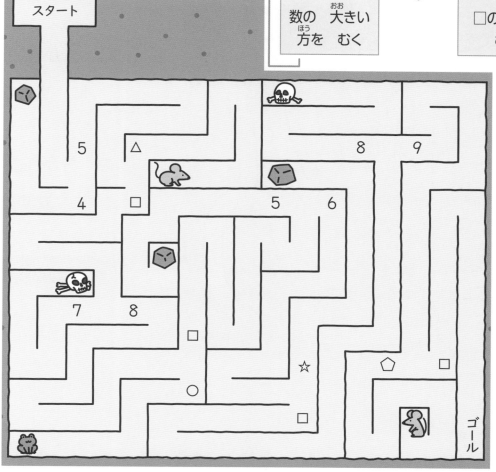

2 めいろの　行き方を，人に　つたえようと　思います。
フローチャートの　□に，右か　左の　どちらかを
書きましょう。

1つ15点【60点】

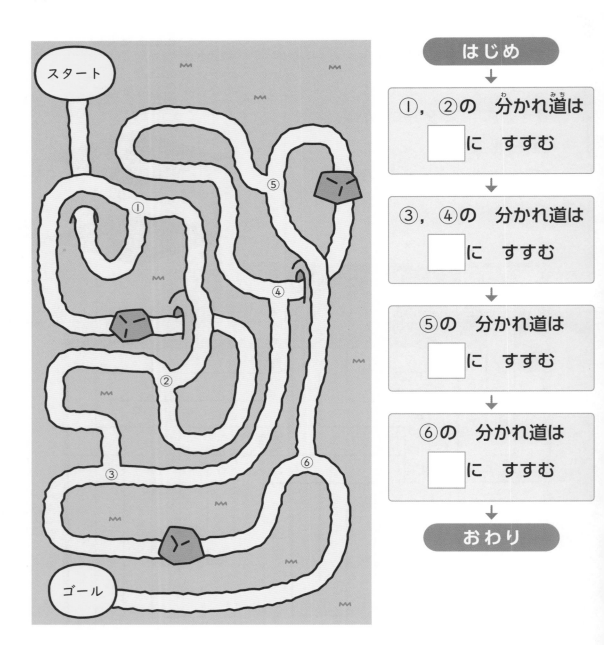

ちゃんと　ゴールまで　行けたかな？

答え ▶ 87ページ

すすみ方を 考えよう

1 ゆうやさんが，スタートから ますを たてか よこに 歩きます。ななめには 歩きません。

1つ20点【40点】

① はっぱ（🍃）を 通ったら，つぎは 木の えだ（🪵），木の えだを 通ったら，つぎは はっぱと 歩き，ゴール①へ 行きましょう。

② はっぱの ますを まっすぐ 前へ 歩き，木の えだを 通ったら，木の えだの 先（🪵）の さして いる はっぱに すすむ ことを くりかえし，ゴール②へ 行きましょう。

2 はるかさんが, スタートから たて よこに すすみます。
ゴール①, ②へは, どんな ルールで すすみましたか。
フローチャートの ア, イに あてはまる ことばを,
右, 左で 答えましょう。

1つ30点【60点】

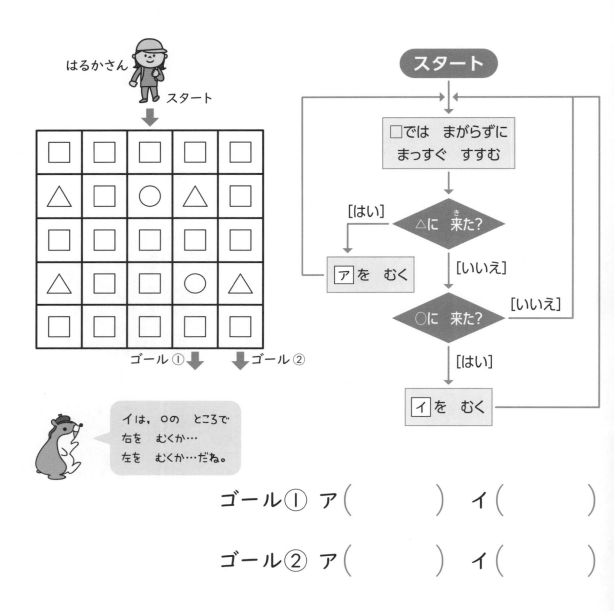

ゴール① ア（　　　） イ（　　　）

ゴール② ア（　　　） イ（　　　）

少し むずかしく なったね!

答え ▶ 88ページ

22 場合分け じゃんけんで すすもう

月　日　10分
とく点　　　　　点

1 はるさんと　あきさんが　あそんで　います。
じゃんけんで　かった　方が　丸い　石だんを　すすみ，
スタートから　ゴールまで　行きます。
すすみ方の
ルールは，下の
とおりです。

1つ15点【60点】

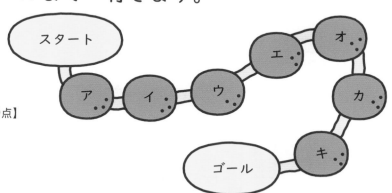

〈ルール〉
グーで　かつ…1ます　すすむ　　チョキで　かつ…2ます　すすむ
パーで　かつ…3ます　すすむ

① さいしょ　はるさんが　グーで　かち，
つぎに　あきさんが　パーで　かちました。
2人は　今　どこに　いますか。

はるさん　あきさん

はるさん（　　　　　　　　　）　あきさん（　　　　　　　　　）

② ①の　あと，2人は　右のように
出しました。2人は　7回
おえた　とき，どこに　いますか。

はるさん（　　　　　）

あきさん（　　　　　）

	はるさん	あきさん
3回目	チョキ	パー
4回目	チョキ	グー
5回目	パー	グー
6回目	パー	チョキ
7回目	チョキ	パー

2 なつおさんと　ふゆとさんが　あそんで　います。
じゃんけんで　かつと，タイルを　すすみ，スタートから
ゴールまで　行きます。
ルールは，右の
とおりです。　　　　1つ5点【40点】

〈ルール〉
グーで　かつ……1ます　すすむ
チョキで　かつ…2ます　すすむ
パーで　かつ……3ます　すすむ

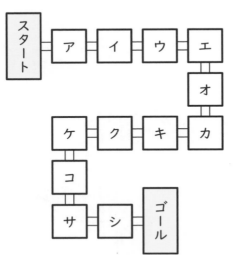

① 4回　おわって，ふゆとさんは
クへ　来ました。フローチャートの
1から　3の　□に，手の　形を
書きましょう。

② 8回　おわって，なつおさんは
ふゆとさんと　同じ　タイルに
来ました。フローチャートの
4から　7の　□に，手の　形を
書きましょう。

③ ②の　あと，なつおさんは　何で
かてば，ちょうど　ゴールへ　行けますか。（　　　　　　　）

なつおさん｜ふゆとさん

なつおさん	ふゆとさん
グー	1
パー	グー
パー	2
グー	3
グー	パー
チョキ	パー
4	5
6	7

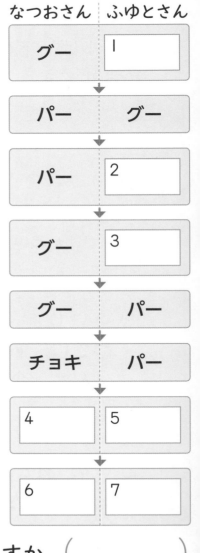

毎日　がんばれば，力が　つくよ！

答え ▶ 89ページ

48

1 「⇨スタートから ➡ゴールまで，通った 数の 合計が
7に なる ように 行ける？
通った 道と 交わるのは いいけれど，同じ 道を
2ど 通っては いけないの。」
と，りささんが 言いました。
「おもしろそう。やって みるぞ。」
と，しょうさんが 言いました。
あなたも やって みましょう。

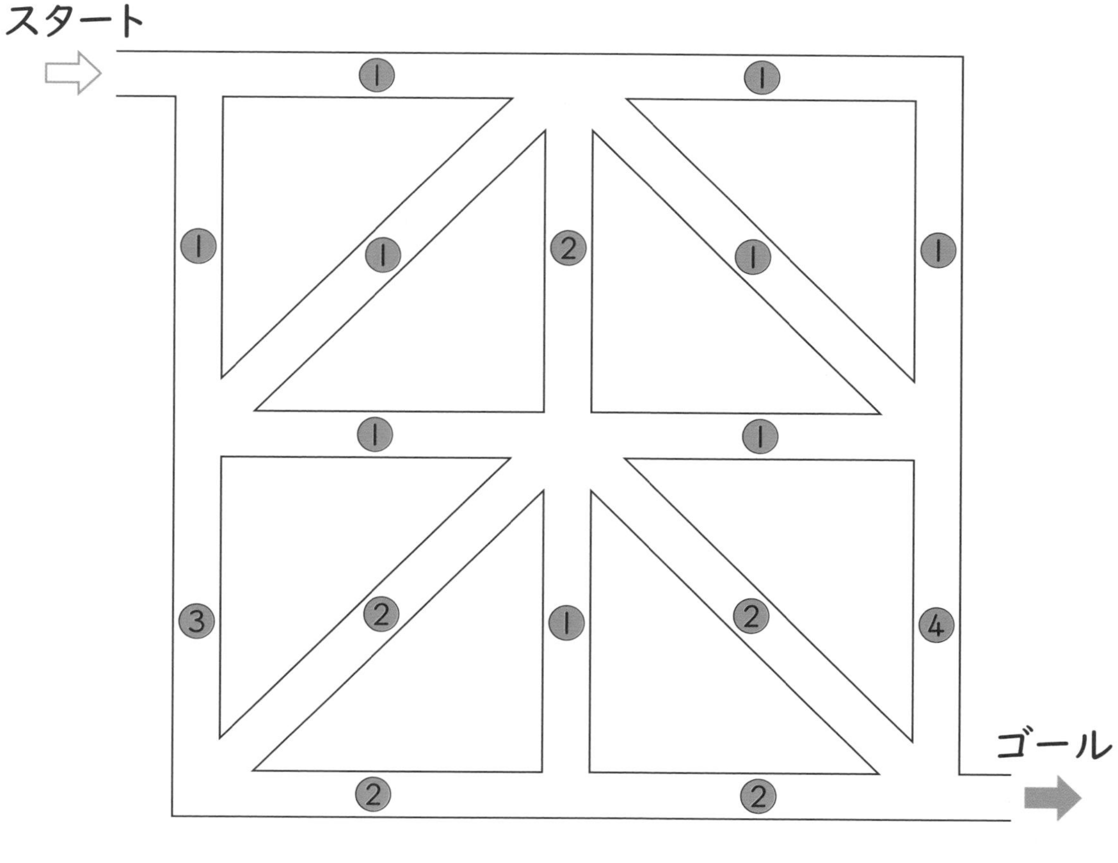

スタート

ゴール

2 りささん　「つぎは　色ぬりね。何が　できるかな？」
しょうさん「ルールは　つぎの　とおりだよ。」

> 1，3，5，7を　ぬる　→　ネコが　あらわれる
> 2，3，6，7を　ぬる　→　ウサギが　あらわれる
> 4，5，6，7を　ぬる　→　ネズミが　あらわれる

りささん　「わたし，ウサギを　ぬって　みようかな。」
あなたも　すきな　ものを　ぬって　みましょう。

		4	4	4	6	2						2	6	4	4	4		
	4	4	4	6	6	6						6	6	6	4	4	4	
4	4	5	5	6	6	6	6			6	6	6	6	5	5	4	4	
4	5	5	5	6	6	6	6			6	6	6	6	5	5	5	4	
4	5	5	5	7	6	6	6			6	6	6	7	5	5	5	4	
4	5	5	5	7	7	6	6	4	4	4	4	6	6	7	7	5	5	4
	5	5	5	7	7	6	6	4	4	4	4	6	6	7	7	5	5	5
	5	5	5	7	7	7	5	5	5	5	7	7	7	7	5	5	5	
	1	1	5	7	7	7	7	5	5	5	5	7	7	7	7	5	1	1
	1	1	1	7	7	7	7	7	7	7	7	7	7	7	1	1	1	
	1	1	1	7	7	7	7	7	7	7	7	7	7	7	1	1	1	
	1	1	3	3	7	7	7	7	7	7	7	7	7	3	3	1	1	
	1	1	3	3	7	7	7	7	7	7	7	7	7	3	3	1	1	
	1	1	3	3	7	7	7	7	7	7	7	7	7	3	3	1	1	
	1	1	3	3	3	7	7	7	7	7	7	7	3	3	3	1	1	
	1	1	3	3	3	3	3	7	7	3	3	3	3	3	1	1		
		1	3	3	3	3	3	3	3	3	3	3	3	3	1			
			1	3	3	3	3	3	3	3	3	3	3	3	1			
				3	3	3	3	3	3	3	3	3	3	3				
					2	2	2	2	2	2	2	2						

答え ▶ 90ページ

かん<ruby>数<rt>すう</rt></ruby>

月　日

とく点

点

1 ものを <ruby>入<rt>い</rt></ruby>れると, <ruby>形<rt>かたち</rt></ruby>が かわって <ruby>出<rt>て</rt></ruby>て くる きかいが あります。①から ⑥で <ruby>出<rt>で</rt></ruby>た ものを <ruby>書<rt>か</rt></ruby>きましょう。

〇は, よこに つながって 出て くるよ！

1つ10点【60点】

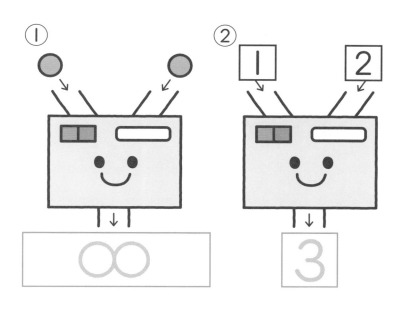

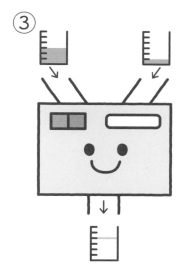

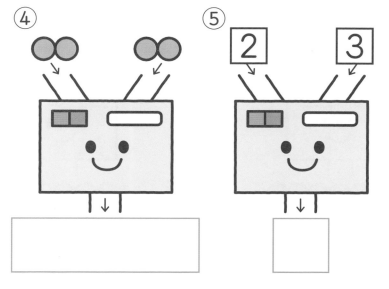

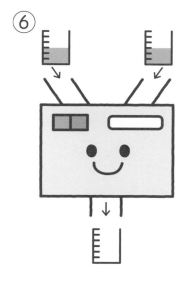

2 ものを 入れると，形が かわって
出てくる きかいが あります。
①から ④には，何を 入れましたか。
□に ○を 書きましょう。　1つ10点【40点】

①

②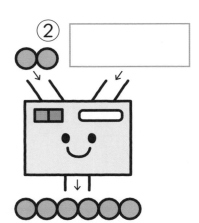

2つを
合わせた
数が，
出てくるね。

③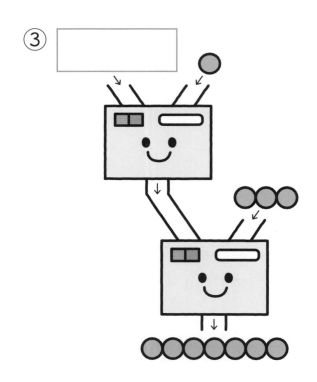

④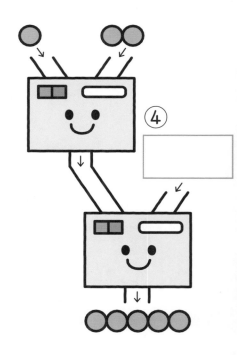

1 ロボットを　●から　うごかして，①から　④を
なぞります。うごきを，
（右(みぎ)へ　2ます　すすむ）→　（右，2）
（左上(ひだりうえ)へ　1ます　すすむ）→　（左上，1）
のように　あらわします。それぞれの　フローチャートの
（　）に，むきや　数字(すうじ)を　書(か)きましょう。

1つ15点【60点】

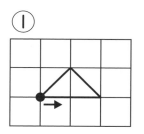 ① 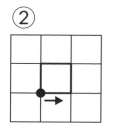 ② 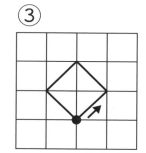 ③ 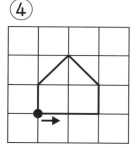 ④

  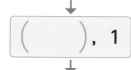 

① はじめ → （　），2 → 左上，（　） → （　），（　） → おわり

② はじめ → 右，（　） → （　），1 → 左，（　） → （　），1 → おわり

③ はじめ → （　），1 → 左上，（　） → （　），1 → 右下(みぎした)，（　） → おわり

④ はじめ → 右，（　） → （　），1 → 左上，（　） → （　），1 → 下，（　） → おわり

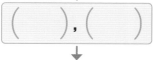   
  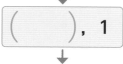

うごきを
分(わ)けて
考(かんが)えよう。

2 ロボットを ●から うごかします。うごきを，

（右へ 2ます すすむ） → （右, 2）

（左上へ 1ます すすむ） → （左上, 1）

のように あらわします。①，②の フローチャートの
（ ）に，むきや 数字を 書きましょう。 1つ20点【40点】

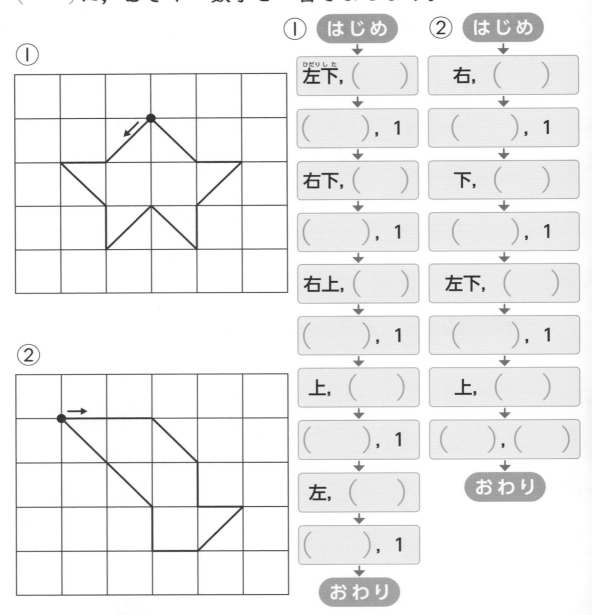

① はじめ

左下,（ ）
↓
（ ）, 1
↓
右下,（ ）
↓
（ ）, 1
↓
右上,（ ）
↓
（ ）, 1
↓
上,（ ）
↓
（ ）, 1
↓
左,（ ）
↓
（ ）, 1
↓
おわり

② はじめ

右,（ ）
↓
（ ）, 1
↓
下,（ ）
↓
（ ）, 1
↓
左下,（ ）
↓
（ ）, 1
↓
上,（ ）
↓
（ ）,（ ）
↓
おわり

①

②

アプリに とく点を とうろくしよう！

答え ▶ 91ページ

アルゴリズム
数字に　おきかえよう

月　日　10分

とく点　　　　　　　点

1 まさとさんは，体の　名前で
数を　あらわす　ことに
しました。

1つ10点【40点】

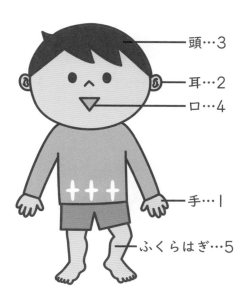

頭…3
耳…2
口…4
手…1
ふくらはぎ…5

（手）…………………1

（耳）…………………2

（頭）…………………3

（口）…………………4

（ふくらはぎ）…5

① 数の　大きい　方に　○を　書きましょう。

ア 　と　　　　イ　▽　と　

（　）　　（　）　　（　）　　（　）

② まさとさんは，自分の　たん生日を　たし算で
あらわしました。（　　）に　数を　書きましょう。

月　　＋　　＝（　　　　月）

日　　＋　　＝（　　　　日）

2 みちよさんは, 顔に ある
ものの 名前で, 数を
あらわす ことに しました。
〈れい〉のように 目と はなを
さわると, 「1と 2を
合わせて 3」と なります。

まゆ毛…3
目…1
はな…2

① アから ウに 数字を 書きましょう。

1つ10点【60点】

〈れい〉 目 1
はな 2
3
ア □
イ □
ウ □

② どこを さわれば, それぞれの 数に なりますか。
エから カに 顔に ある ものの 名前を 書きましょう。

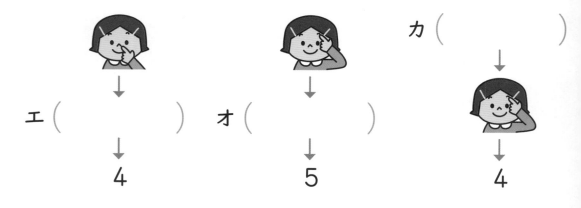

カ（　　　）
エ（　　　）
オ（　　　）
4
5
4

うまく 考えられたかな?

答え ▶ 92ページ

おきかえて 読もう

月　日　10分

とく点

点

1

「この　てがみに　書かれて　いる　ことが　わからない。」
けんたさんは　言った。
「わかった！
てがみが　ヒントだよ。
“て”が　“み”に
なってるのよ。
“み”を　“て”に
もどして　読んで　みて。」
と，かよさんが　言った。

きみ、みつだっみ。

かよさん　　　　けんたさん

この　あんごうを　といた　文を　書きましょう。　【20点】

（　　　　　　　　　　　　　　　　　　　）

2

べつの　日に，けんたさんの　もとに
かよさんから　はがきが　とどいた。
「また　おかしな　はがきが　きたぞ。
あ，こんどは　わかった！」
けんたさんは　にやりと　した。

きつかに
きれたら
きなびを
しよう。

この　あんごうを　といた　文を　書きましょう。　【20点】

（　　　　　　　　　　　　　　　　　　　）

3 □の ように 文字を かえて，あんごうを 作りました。
元は どんな 文だったか，□に 書きましょう。

1つ15点【30点】

あ→い い→う う→え え→お お→か か→き …… や→ゆ ゆ→よ
よ→ら ら→り り→る る→れ れ→ろ ろ→わ わ→を を→ん ん→あ

① いすちいてみわえ

② いきうひさんいこわ

4 □の ように 文字を かえて，あんごうを 作りました。
つぎの 数字は 何と 書いて ありますか。 1つ15点【30点】

① 5 26 40 3

② 1 20 6 41 2 8

あいうえお→ 1 2 3 4 5
かきくけこ→ 6 7 8 9 10
さしすせそ→ 11 12 13 14 15
たちつてと→ 16 17 18 19 20
なにぬねの→ 21 22 23 24 25
はひふへほ→ 26 27 28 29 30
まみむめも→ 31 32 33 34 35
や ゆ よ→ 36   38   40
らりるれろ→ 41 42 43 44 45
わ を ん→ 46   50   51

まるで なぞなぞみたいだね！

答え ▶ 92ページ

どう　書きあらわす？

1 右の　ひょうのように，
「い」を（1−二）
「く」を（2−三）
「せ」を（3−四）と
あらわします。

10	9	8	7	6	5	4	3	2	1	
わ	ら	や	ま	は	な	た	さ	か	あ	一
	り		み	ひ	に	ち	し	き	い	二
を	る	ゆ	む	ふ	ぬ	つ	す	く	う	三
	れ		め	へ	ね	て	せ	け	え	四
ん	ろ	よ	も	ほ	の	と	そ	こ	お	五

①1つ7点，②1つ8点【52点】

① つぎの　ひらがなを　数字で　あらわしましょう。

た（　−　）ぬ（　−　）も（　−　）り（　−　）

② どうぶつの　名前を　数字で　あらわしました。
　ひらがなで　書きましょう。

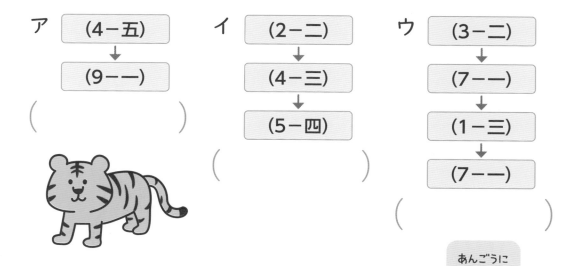

ア　（4−五）
　　↓
　　（9−一）

（　　　　　）

イ　（2−二）
　　↓
　　（4−三）
　　↓
　　（5−四）

（　　　　　）

ウ　（3−二）
　　↓
　　（7−一）
　　↓
　　（1−三）
　　↓
　　（7−一）

（　　　　　）

あんごうに
なるね。

2 右の ひょうのように，
「い」を（1-二）
「ぐ」を（2-三-□）
「ぺ」を（6-四-○）
「よ」を（8-五-△）
と あらわします。

10	9	8	7	6	5	4	3	2	1	
わ	ら	や	ま	は	な	た	さ	か	あ	一
	り		み	ひ	に	ち	し	き	い	二
を	る	ゆ	む	ふ	ぬ	つ	す	く	う	三
	れ		め	へ	ね	て	せ	け	え	四
ん	ろ	よ	も	ほ	の	と	そ	こ	お	五

゛…□ ゜…○ 小さい「や」「ゆ」「よ」「つ」…△

1つ8点【48点】

① つぎの ことばを ひらがなで 書きましょう。

(6-三) → (4-一)　　ア（　　　）

(6-三-□) → (4-一)　　イ（　　　）

(6-三) → (4-一-一-□)　　ウ（　　　）

② 絵に 合う ことばに なって いません。まちがえた ところに ×を 書きましょう。

(6-二-○)（　　）→ (10-五)（　　）

(6-五)（　　）→ (1-三)（　　）→ (3-二)（　　）

(9-一)（　　）→ (4-三)（　　）→ (6-一-一-○)（　　）

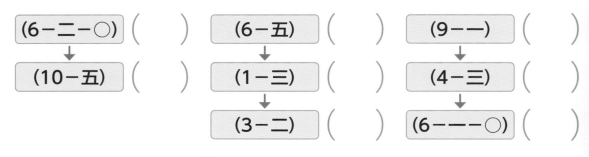

さいごは そうごうもんだいに ちょうせんしよう！

答え ▶ 92ページ

文字を ならべよう

1 文字を 書いた カードを ならべて, ことばを
作りましょう。

1つ10点【50点】

①

ヒント：つかう 前に わる。

わ　し　り　ば

②

ヒント：タイヤが ついて いる。

し　や　て　ん　じ

③

ヒント：ゆめを かなえて くれる。

い　ほ　う　ま　か　つ

④

ヒント：つめたくて あまくて やわらかい。

ク　ム　ー　ト　フ　リ　ン

⑤

ヒント：体の ちょうしを しらべる。

し　ん　う　け　ん　だ　こ

2 文字を ならべかえましょう。

1つ5点【50点】

① 下の 「か」「い」を，
「い」「か」の じゅんに
ならべかえます。右の □に
あてはまる 文字を
書きましょう。

はじめ
↓

か を ウに おく
↓

い を □に おく
↓

□ を □ に おく
↓

おわり

② 下の 「け」「い」「と」を，
「と」「け」「い」の じゅんに
ならべかえます。右の □に
あてはまる 文字を
書きましょう。

はじめ
↓

□ を エに おく
↓

□ を □ に おく
↓

□ を □ に おく
↓

□ を □ に おく
↓

おわり

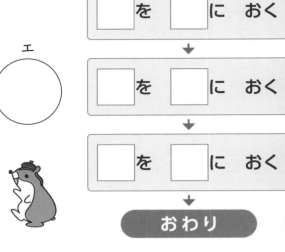

空いた 場しょに
何を おくと いいかな。

今日も ぜっこうちょう！

答え ▶ 93ページ

30 そうごうもんだい パズルを 組み合わせよう

月 日
とく点

点

1 右のような ます目が, よこに つながって います。アから エの 形を この ます目の 1から 4に おき, もようを 作ります。

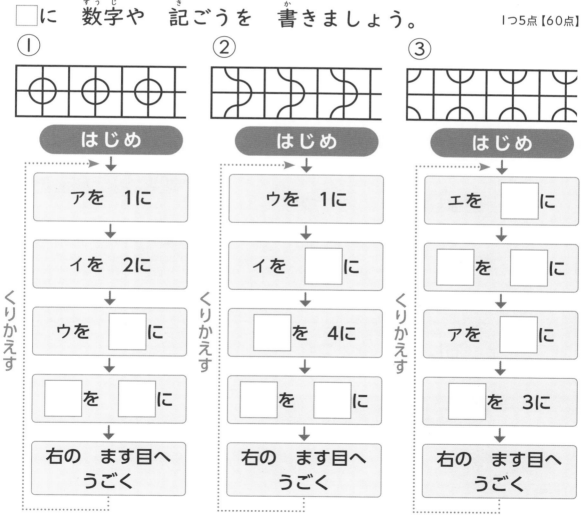

①から ③を 作るには, それぞれ どのように アから エを あてはめれば よいですか。フローチャートの □に 数字や 記ごうを 書きましょう。

1つ5点【60点】

2 レンガを つみます。つぎの つみ方に なるように，
□に 数字や 記ごうを 書きましょう。

1つ4点【40点】　ア　イ

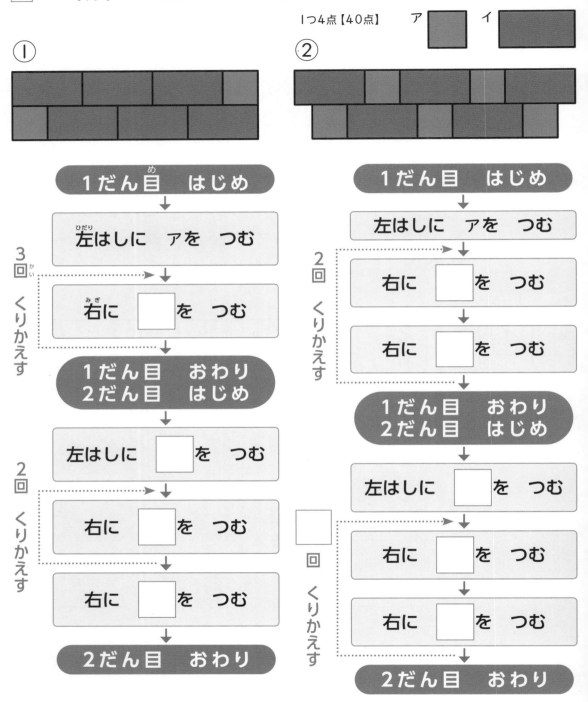

①

1だん目　はじめ

左はしに　ァを　つむ

3回 くりかえす

右に　□　を　つむ

1だん目　おわり
2だん目　はじめ

左はしに　□　を　つむ

2回 くりかえす

右に　□　を　つむ

右に　□　を　つむ

2だん目　おわり

②

1だん目　はじめ

左はしに　ァを　つむ

2回 くりかえす

右に　□　を　つむ

右に　□　を　つむ

1だん目　おわり
2だん目　はじめ

左はしに　□　を　つむ

□回 くりかえす

右に　□　を　つむ

右に　□　を　つむ

2だん目　おわり

おちついて　考えてね！

答え ▶ 93ページ

31 そうごうもんだい
あそびの　しくみ

月　　日　　10分

とく点

点

1 じゃんけんの　ルールを　せつめいします。
フローチャートの　アから　オに　あてはまる　ことばを，
から　えらんで　書きましょう。

1つ8点【40点】

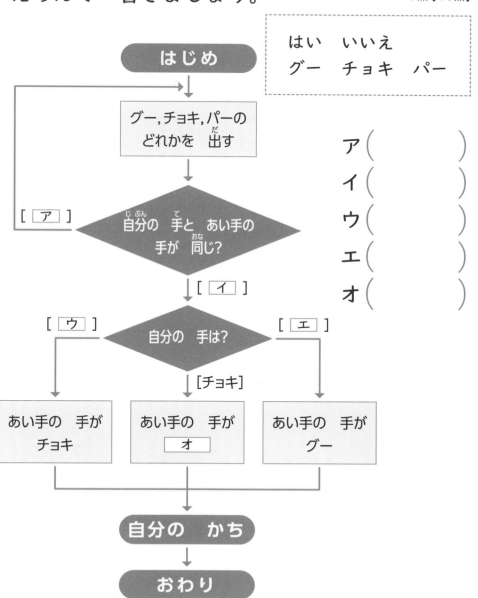

はい　いいえ
グー　チョキ　パー

はじめ

グー, チョキ, パーの
どれかを　出す

ア（　　　　）
イ（　　　　）
ウ（　　　　）
エ（　　　　）
オ（　　　　）

[ア]

自分の　手と　あい手の
手が　同じ?

[イ]

[ウ]　　自分の　手は?　　[エ]

[チョキ]

あい手の　手が
チョキ

あい手の　手が
オ

あい手の　手が
グー

自分の　かち

おわり

2 「あっち　むいて　ほい」の　ルールを　せつめいします。
フローチャートの　アから　カに　あてはまる　ことばを，
▭から　えらんで　書きましょう。

1つ10点【60点】

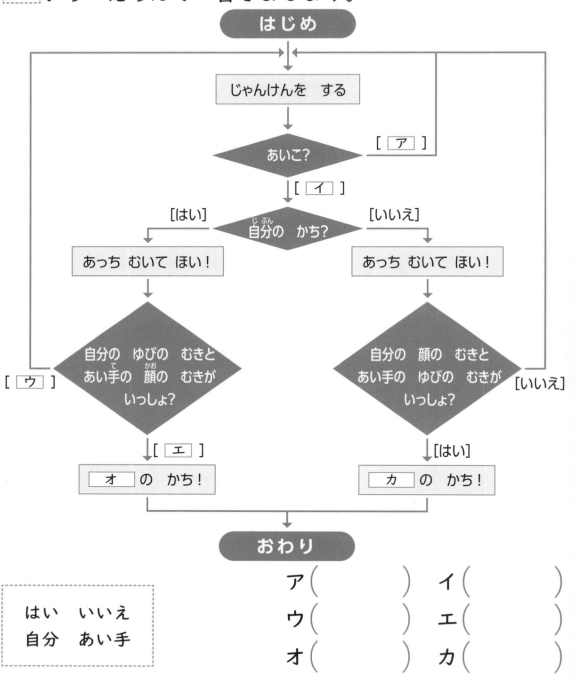

はじめ

じゃんけんを　する

あいこ？　[ア]

[イ]

[はい]　自分の　かち？　[いいえ]

あっち　むいて　ほい！　　　　あっち　むいて　ほい！

[ウ]　自分の　ゆびの　むきと　あい手の　顔の　むきが　いっしょ？

自分の　顔の　むきと　あい手の　ゆびの　むきが　いっしょ？　[いいえ]

[エ]　　　　[はい]

オ　の　かち！　　　　カ　の　かち！

おわり

はい　いいえ
自分　あい手

ア（　　　　）　イ（　　　　）

ウ（　　　　）　エ（　　　　）

オ（　　　　）　カ（　　　　）

その　ちょうし！　その　ちょうし！

答え ▶ 94ページ

32 ゴールまで すすもう

そうごうもんだい

1 スタートから，①から ③の フローチャートどおりに
すすむと，アから ウの どの ゴールへ 出ますか。

1つ20点【60点】

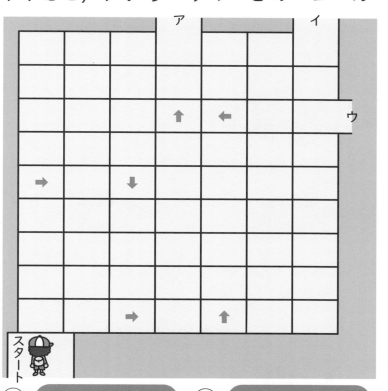
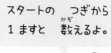

スタートの つぎから
1 ますと 数えるよ。

①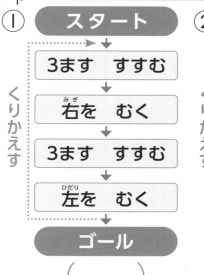
スタート

くりかえす

3ます すすむ
↓
右を むく
↓
3ます すすむ
↓
左を むく
↓
ゴール

( )

②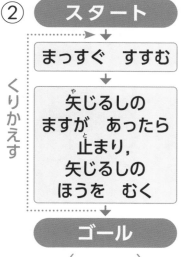
スタート

くりかえす

まっすぐ すすむ
↓
矢じるしの
ますが あったら
止まり，
矢じるしの
ほうを むく
↓
ゴール

( )

③
スタート

くりかえす

1ます すすむ
↓
右を むく
↓
1ます すすむ
↓
左を むく
↓
ゴール

( )

下の 絵の スタートから ゴールまでの 行き方を,
フローチャートに まとめました。アから エの □に
あてはまる ことばを 書きましょう。

1つ10点【40点】

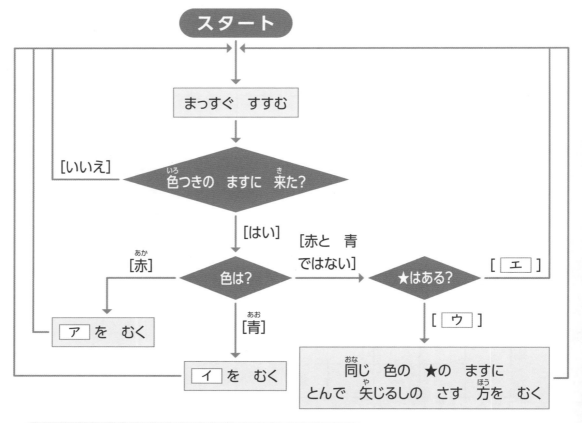

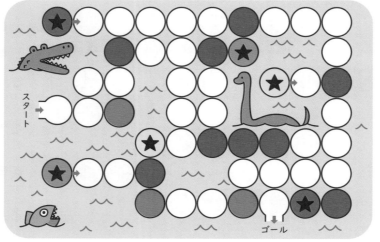

ア（ 　　　 ）

イ（ 　　　 ）

ウ（ 　　　 ）

エ（ 　　　 ）

あと 少し！ がんばって！

答え ▶ 95ページ

そうごうもんだい
ものを　そうじゅうしよう

月　　日　　10分
とく点

点

1 コントローラーで　キャラクターを
うごかします。うごかし方は　右の
とおりです。
|から　4の　ボタンを　おしながら
アから　エの　そうさが　できます。
①から　④は，どの　ボタンを
おした　ときの　うごきですか。

1つ7点【28点】

1	むこうを　むく
2	手前を　むく
3	左を　むく
4	右を　むく
ア	歩く
イ	走る
ウ	ジャンプする
エ	ころがる

1-ア，2-イと　いう
ふうに　書こう。

①

むこうへ　走る。

（　　—　　）

②

左へ
ジャンプする。（　　—　　）

③

手前に　ころがる。

（　　—　　）

④

右へ　歩く。

（　　—　　）

2 コントローラーで ドローンを そうじゅうします。

・コントローラーの ウ，エの ボタンを おすと，
　プロペラ ウ，エが はやく 回り，⬆へ すすむ。

・コントローラーの ア，イの ボタンを おすと，
　プロペラ ア，イが はやく 回り，⇩へ すすむ。

・コントローラーの イ，エの ボタンを おすと，
　プロペラ イ，エが はやく 回り，◀▪▪へ すすむ。

・コントローラーの ア，ウの ボタンを おすと，
　プロペラ ア，ウが はやく 回り，▪▪▶へ すすむ。

木の まわりを ★のように とばす ためには，どんな
じゅんに コントローラーの ボタンを おせば よいですか。
フローチャートの ☐に 書きましょう。

1つ9点【72点】

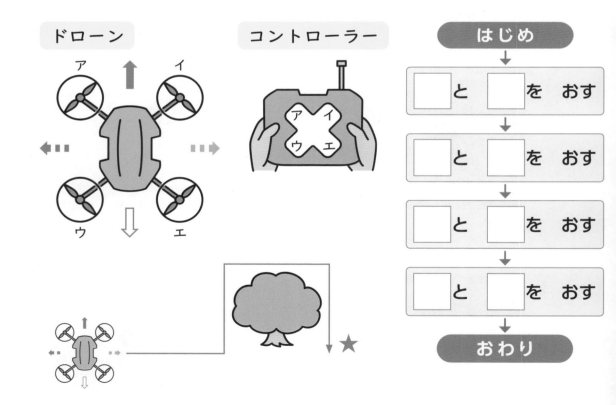

ドローン　　コントローラー

はじめ

☐ と ☐ を おす

☐ と ☐ を おす

☐ と ☐ を おす

☐ と ☐ を おす

おわり

これで そうごうもんだいは おわりだよ！ おつかれさま！

答え ▶ 95ページ

34 コンピュータの ことば

1 コンピュータは, 0と 1の 2通りで,
すべての ことを あらわします。
オンが 1, オフが 0です。
右の アルファベットの あらわし方は,
せかい中 どこでも 同じです。
たとえば, たすけて と いう
いみの SOSは,
01010011 01001111 01010011
と あらわします。
あなたも, 下の ことばや, 見かけた
アルファベットを, 0と 1で
書いて みましょう。

A	01000001	N	01001110
B	01000010	O	01001111
C	01000011	P	01010000
D	01000100	Q	01010001
E	01000101	R	01010010
F	01000110	S	01010011
G	01000111	T	01010100
H	01001000	U	01010101
I	01001001	V	01010110
J	01001010	W	01010111
K	01001011	X	01011000
L	01001100	Y	01011001
M	01001101	Z	01011010

ON （   ）

OFF （   ）

GO （   ）

OUT （   ）

SAFE （   ）

71

2 コンピューターでは，カタカナは 下のように あらわせます。
下の ルールに そって，自分の 名前を 書きましょう。

ア 10110001	タ 11000000	マ 11001111				
イ 10110010	チ 11000001	ミ 11010000				
ウ 10110011	ツ 11000010	ム 11010001				
エ 10110100	テ 11000011	メ 11010010				
オ 10110101	ト 11000100	モ 11010011				
カ 10110110	ナ 11000101	ヤ 11010100				
キ 10110111	ニ 11000110	ユ 11010101				
ク 10111000	ヌ 11000111	ヨ 11010110				
ケ 10111001	ネ 11001000	ラ 11010111				
コ 10111010	ノ 11001001	リ 11011000				
サ 10111011	ハ 11001010	ル 11011001	゛ 11011110			
シ 10111100	ヒ 11001011	レ 11011010	゜ 11011111			
ス 10111101	フ 11001100	ロ 11011011	ャ 10101100			
セ 10111110	ヘ 11001101	ワ 11011100	ュ 10101101			
ソ 10111111	ホ 11001110	ヲ 10100110	ョ 10101110			
		ン 11011101	ッ 10101111			

答え ▶ 96ページ

1 つぎの ます目を，4つの 同じ 大きさの 形に 分けます。
╍╍╍╍を なぞり，同じように，線を 書きましょう。

1つ5点【15点】

①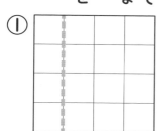
②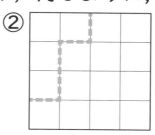
③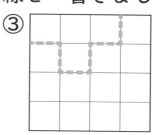

2 ロボットに ペンを もたせ，「イ」の 字を 右下の 紙に 書かせます。

①1つ7点 ②5点【40点】

① どの じゅんに 書けば よいですか。右の フローチャートの ⓐから ⓞに，下から えらんで 記ごうを 書きましょう。

② できた 「イ」の 字を，右下の 紙に 書きましょう。

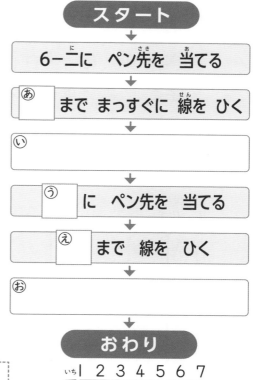

```
ア 4-三      イ 4-六
ウ 2-二      エ 2-四
オ ペン先を 紙に 当てる
カ ペン先を 紙から はなす
```

3 下の　文を，スタートから [読む 読まない 読まない]を
ゴールまで　くりかえし，つぎに
スタートから [読まない 読まない 読む]を　ゴールまで
くりかえして　読み，つづけると，どう　なりますか。
（　　）に　書きましょう。　【15点】

スタート | さ | ら | え | ん | く | ん | じ | し | に | に | あ | き | こ | ま | て | う | よ | ね | ゴール

（　　　　　　　　　　　　　　　　　　　　　　　　　　　）

4 ロボットを ━━ に　そって，
ゴールまで　うごかします。
右の　フローチャートの □に，
数字，または　「右」「左」の
文字を　書きましょう。　1つ5点【30点】

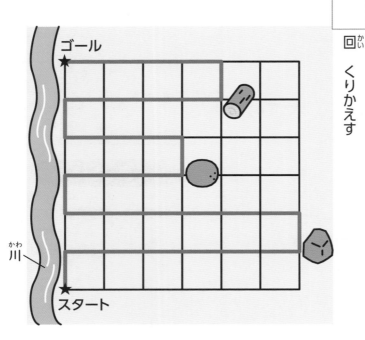

ゴール
川
スタート

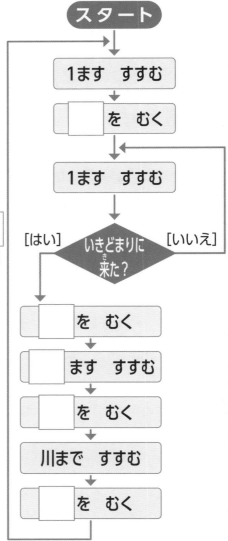

スタート
1ます　すすむ
□ を　むく
1ます　すすむ
[はい]　いきどまりに来た？　[いいえ]
□ を　むく
□ ます　すすむ
□ を　むく
川まで　すすむ
□ を　むく

□回　くりかえす

答え ▶ 96ページ

スクラッチジュニアを やって みよう！

おうちの　人に　スクラッチジュニアを
インストールして　もらって，どうがを
見ながら　さわって　みましょう。

☞ この　アイコンを
おして　スタート！

どうがを　見ながら
やって　みよう！

ScratchJrは，タフツ大学のDevTech研究グループ，MITメディアラボのライフロング幼稚園グループ，
プレイフルインベンションカンパニーの共同制作です。https://www.scratchjr.org/から自由に入手できます。

1 「じぶんのぷろじぇくと」を　ひらく

アプリを　ひらいたら，下の　じゅんばんに　ボタンを
おして　「じぶんのぷろじぇくと」を　ひらきましょう。

❶ ホームボタンを　おす

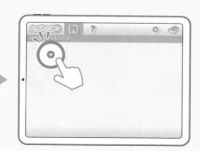

❷ プラスボタンを　おして
「じぶんのぷろじぇくと」へ

 を　おすと
まえの　がめんに
もどる

おうちの方へ

ScratchJrの情報などは，下記サイトをご確認ください。ここで紹介するゲームは「はじめ
てのプログラミング」「プログラミング」の2冊で同じものを扱っています。

▶ 毎日のドリル プログラミング オンライン教材学習ページ
https://gakken-ep.jp/extra/maidori_programming/

※この本で使用しているScratchJrは，iPad版ver1.3.0です。お使いの端末やアプリのバージョンによって，画面の色や見え方が異なります。
※お客様のネット環境および端末によりアプリをご利用できない場合，当社は責任を負いかねます。通信料等はお客様のご負担になります。
ご理解・ご了承いただきますよう，お願いいたします。

75

② やりかたの きほん

「うみで およぐ さかな」の ゲームを つくりましょう。

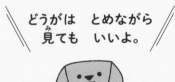

どうがは とめながら
見ても いいよ。

まずは, どうがのように はいけいを 「すいちゅう」に,
キャラクターを 「さかな」に かえて みましょう。

▶ はいけいの かえかた

❶ 「はいけいのへんこう」を おす

❸ 「ほぞん」を おす

❷ 「すいちゅう」の はいけいを おす

▶ キャラクターの かえかた

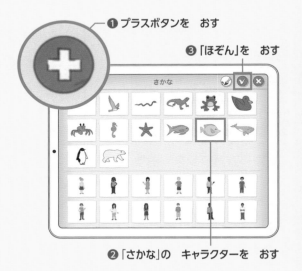

❶ プラスボタンを おす

❸ 「ほぞん」を おす

❷ 「さかな」の キャラクターを おす

おうちの方へ

　初期画面にあるキャラクターや一度設定したキャラクターを削除する場合は, 削除したいキャラクターを長押しして現れる ⊗ のボタンをタップしてください。

　ステージの背景やキャラクターは自分でかくこともできます。自分でかいた背景やキャラクターは自動で保存されます。

　つぎに，どうがのように　ブロックを　つなぎましょう。
がめんの　上の　▶ を　おすと　さかなが　うごきます。
うまく　いったら　じぶんで　ブロックを　かえて　みて
うごきが　どう　かわるか，いろいろ　ためして　みましょう。

ここを　おすと　ます目が　出る

ここを　おすと　スタート

ここから　ブロックの
しゅるいを　えらぶ

スクリプト
おきば

右に　1ますずつ
うごき　つづける

さかなを　おすと
2ます　ジャンプする

※数字は変えることができます。

ブロックの　やくわりは
この　本の　さいごに
ある　ボードを　見てね。

おうちの方へ

　画面に指が何本も触れていると，うまくドラッグ&ドロップ操作ができません。1本の指だけが画面に触れるようにさせましょう。まちがえてスクリプト置き場（画面下部のスペース）に持ってきてしまったブロックは，スクリプト置き場の外にドラッグすることで消すことができます。画面右下にある1つ前に戻るボタン ↰ でも，まちがいの取り消しができます。

13 ゲームを つくろう

どうがを 見ながら, すきな ゲームを つくって みましょう。

さがしもの

へやの 中に ある さがしものを
見つけて タッチしよう。

 ←------ どうがは ここから 見られるよ!

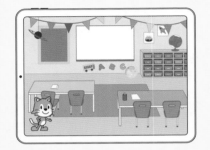

ゴールを きめろ

タイミング よく シュートして
ゴールを きめよう。

 ←------ どうがは ここから 見られるよ!

そらの たび

とんで くる とりを よけながら
ひこうきで そらを とぼう。

 ←------ どうがは ここから 見られるよ!

ほかにも じぶんで
すきな ゲームを つくって みよう!

答えとアドバイス

おうちの方へ

▶まちがえた問題は，何度も練習させましょう。

▶ **アドバイス** も参考に，お子様に指導してあげてください。

---

① なか間に 分けよう
5〜6ページ

1 ①

（ウ）と（オ）

②

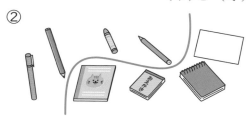

（ア）と（エ）

2 ①（イ，オ，キ，ク）と
　（ア，ウ，エ，カ）

②（ア，イ，オ，カ）と
　（ウ，エ，キ，ク）

アドバイス **1**①　まず一つ一つが何の絵で，何をするものかを確認させましょう。そのあとで，選択肢と比較検討するとよいでしょう。

②　すべて文房具で，どれも書くことに使うものですが，「書く」「書かれる」の相違点があります。役目に気づかせましょう。

2　同じものでも，着眼点によって別の仲間に分けられることに気づかせましょう。「分解」するときの，大切な考え方です。

---

② くぎって 分けよう
7〜8ページ

1 ①

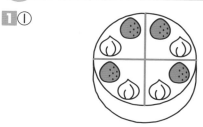

②

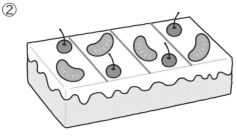

2 ①6（月，）7（月，）8（月）
②6（月，）12（月）
③10（月）

アドバイス **1**①②　生クリームの飾りや果物が，それぞれ4個ずつあることを確認させます。これが1つずつ乗り，かつ同じ形になるように分割する，という題意をとらえさせましょう。

2①　ここでは，12月から3か月ごとに区切るルールにしてあるので，春は，3月，4月，5月，夏はその後の3か月とわかります。

③　①のルールでいくと，秋は9月，10月，11月になることをおさえさせましょう。この3か月の中で祝日の日数を比較します。

③ どの 形を 作れる？

③ どの 形を 作れる？ 9~10ページ

1 ①オ，カ，コ
　②ア，イ，キ
　③エ，ク，ケ

2 ①エ　②ウ

！アドバイス　**1**　全体を形作るピースに注目する問題です。まず，ピースの数で答えがしぼれることに気づかせましょう。それぞれのピースがどんな向きで使われているかを確認させてください。

2　正方形だけでできたピースを自由に組み合わせて，目的の形を作る問題です。線を実際にかきこみながら，楽しく取り組ませてください。

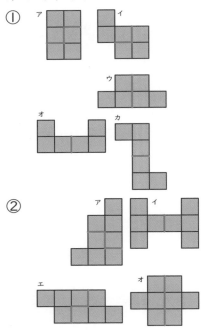

④ 何を するか きめよう

④ 何を するか きめよう 11~12ページ

1 ①てつぼう
　②サッカー，なわとび
　③ドッジボール
　④ドッジボール

2 ①図書かん，体いくかん，公園
　②公園
　③図書かん，体いくかん，公園
　④公園

！アドバイス　**1**　一見複雑そうですが，①~③の順に整理していくとわかりやすくなります。つまずく場合は，共通する遊びに〇や□などの印をつけて，整理するとよいでしょう。

④　全員がしたいと言っている遊びを選ぶことを理解させましょう。

2①　プールだけが該当しないことを理解させましょう。

③　りょうさんが言っている「2人が行きたいところ」とは，②の答えであることに気づかせましょう。

⑤ すきな ものを えらぼう

13~14ページ

１ ①えび天ぷら　②あぶらあげ
　③ちくわ天ぷら　あぶらあげ
　④めんたいこ

２ だいきさん…イ
　ゆうかさん…イ，エ，オ，カ，キ
　ゆりさん……ア，イ，ウ，キ，ク
　とおるさん…ウ，エ，オ，カ，ク

アドバイス　**１**　４人がうどんの「具材」と「値段」について条件を提示しているということを，確認させましょう。

２　だいきさんはチョコといちご，両方の条件を満たすものを選び，ゆうかさんとゆりさんは，少なくとも１つの条件が満たされているものを選びます。この違いを，しっかりおさえさせましょう。

⑥ すい理を しよう

15~16ページ

１ ①とうもろこし
　②うんどうぐつ
　③いろえんぴつ
　④やきおにぎり

２ ①シマウマ
　②ニシキヘビ
　③アフリカゾウ
　④オランウータン

アドバイス　**１**　ヒントをよく読みながら，ますにひらがなを順次入れていきます。

②　２つ目のヒントでつまずく場合は，「ん」から始まる言葉はないことに気づかせてください。１つ目と

2つ目のヒントから3番目の文字が共通なので，「ど」とわかります。

④　１つ目のヒントで１，６番目の文字が確定しますから，３つ目のヒントでは，「おに」が２・３番目，３・４番目，４・５番目のいずれかであることがわかります。

２　並べ替えが多いので，**１**よりも難度が上がっています。その一方で，勘を働かせて答えられる問題もあるかもしれません。後者の場合でも，ヒントを正しく読み取り，条件に当てはまっているかどうかを，確認させるようにしましょう。

⑦ どの じゅん番？

17~18ページ

１ ① 1　パンを　おく。
　　2　|エ|　を　のせる。
　　3　たまごを　のせる。
　　4　|イ|　を　のせる。
　　5　|ア|　を　のせる。

② 1　パンを　おく。
　　2　|エ|　を　のせる。
　　3　|ウ|　を　のせる。
　　4　|エ|　を　のせる。
　　5　|ウ|　を　のせる。
　　6　|ア|　を　のせる。

２ ①イ　②エ　③ウ　④ア

アドバイス　**１**　プログラミングの順序を示した図を「フローチャート」といいます。サンドイッチは，下から積み上げて作るため，見ただけで手順がわかることに，注目させてください。

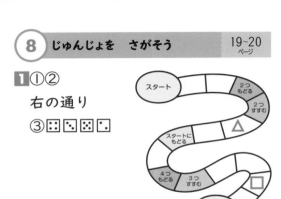

8 じゅんじょを さがそう

19~20ページ

1 ①②
右の通り

③ ▦ ⋰ ⋰ ▦

2 ①

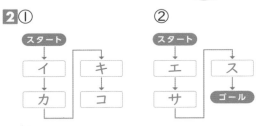

③ のどれかがいてあれば正解。

アドバイス **1** ① ▦ の目が出たとき，4もどるので実質進めません。▦ の目が出たとき，コマの指示に従って3進むことを理解させましょう。

② ⋰ の目が出たとき，スタートにもどることを確認させましょう。

③ 3つの目の出るパターンそれぞれについて，ていねいに調べるよう，促してください。

2 ①② ルールを誤解ないよう，理解させましょう。**オ**に来たときは**サ**に進んでいることを確認させてください。

③ ▦ の目が4回出てもゴールにはたどり着けないことから，**ア**や**オ**や**ケ**を利用することがポイントになります。今回は最初の目が ⋰ なので，**オ**か**ケ**を利用することになります。

解答も含めて，全部で14通りの進み方（下記）があります。

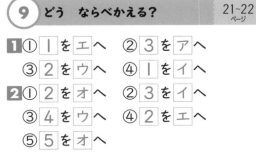

9 どう ならべかえる？

21~22ページ

1 ① 1 を エ へ　② 3 を ア へ
　③ 2 を ウ へ　④ 1 を イ へ
2 ① 2 を オ へ　② 3 を イ へ
　③ 4 を ウ へ　④ 2 を エ へ
　⑤ 5 を オ へ

アドバイス **1** 見通しを立てて手順を整理する練習です。空きスペースを利用し，正しい場所に順次配置します。数字は人形を，**ア**～**エ**の記号は場所を表していることを，まず確認してから始めさせてください。

2 フローチャートにも少しずつ慣れさせましょう。手順を上から順々に記入していきます。空いた場所に正しい人形を順次置いていく要領で続けさせてください。**1**もフローチャートにおこしてみるとよいでしょう。次のようになります。

10 じゅんじょを きめよう

23~24ページ

1 ①ウ　②オ　③ア　④エ　⑤イ

2 ①ア　②エ　③キ　④コ　⑤セ

◆アドバイス　**1**　まず，れんさんの発言を，よく読ませましょう。2番目と3番目の発言から，最初と最後にすることが決まります。

　1番目と4番目の発言から，ご飯の前に着替えが，後に歯みがきが来ることがわかります。

2　れんさんの家と学校の位置をつかみ，およそどう歩けばよいかを頭に入れてから取り組むとよいでしょう。れんさんの1番目と2番目の発言から，横断歩道までの行き方が決まります。1番目と3番目，4番目の発言から，歩道橋までの行き方が決まります。

11 道を すすもう

25~26ページ

1 上から順に①イ，ウ　②カ，キ

2 ①ア　②ウ　③ア　④イ　⑤ア　⑥イ

◆アドバイス　**1**　フローチャートを読み解く練習です。実際に地図に線や向きを書きながら，わかりやすい方法で取り組んでみるとよいでしょう。

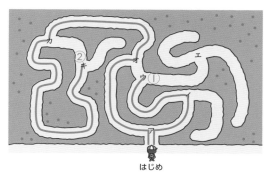

2　正解ルートは下のようになります。まずゴールまで鉛筆でたどり，たどった線を見ながら，フローチャートに書き起こしていくようにさせましょう。

1（れい）

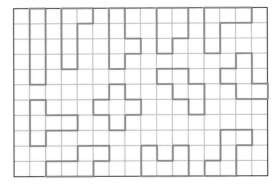

2（れい）

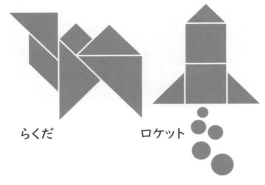

らくだ　　　　ロケット

アドバイス　**1**　□5つを使った形
は12通りあります。向きや裏表の
バリエーションは，1種類としてい
ます。

2　いろいろ試してみるとよいでしょ
う。

1①

②

③

④

2①お　い　し　い　た　こ
②こ　ま　と　ふ　り　こ
③お　ま　い　り
④こ　と　り

アドバイス　**1**　布製品の模様には，
「くり返し」がしばしば用いられて
います。日常生活でも気にして見る
ように促してください。ここでは楽
しく取り組み，くり返しの意味をと
らえさせましょう。

2　指で，読まない部分をかくして答
えてもよいですが，書き写して実際
に消していくと，くり返し部分を確
認できます。暗号遊びもできるので，
ご家庭でもやってみると楽しいでしょ
う。

⑭ どんな ならび方？ 31~32ページ

1 ①イ ②ア ③ア ④イ

2 ①う ②圧 ③2

3 ① 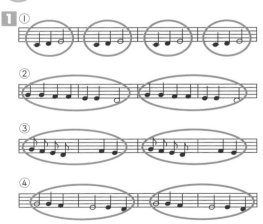 ②▭ ③△

アドバイス **1** ①は だるまの絵

②は 魚の絵，③は 車の絵，

④は○◎□回，をくり返しています。

2 ① 「あいううい あ」とくり返して

います。

② 5画までいき，くり返します。

③ 「1232」とくり返しています。

3 ① 半円の直線部分が，下左上右を

くり返しています。

② 小さい正方形が，右1個2個，

下1個2個…とくり返しています。

③△△がペアになり，時計回りに

回転します。

⑮ 音楽の くりかえし 33~34ページ

1 ①②③④ 楽譜

2 ①ウン ②タ ③タ ④タン

アドバイス **2** ①「タン タン ウ

ン」②「タン タ タ」③「タ

タ ウン」④「タン タ タ ウ

ン」をくり返しています。

⑯ 体そうの くりかえし 35~36ページ

1 ①  （○）

体そうの絵（　）

体そうの絵（　）

② 体そうの絵（　）

体そうの絵（　）

体そうの絵（○）

2 ①ウ ②カ ③ケ ④キ ⑤カ ⑥ク

⑦コ ⑧ア ⑨オ ⑩キ

アドバイス **1** ① 2番目は，イで

手を下げているところが誤り，3番

目は，ウで手を下げているところが

誤りです。フローチャートでは，記

述されている部分だけが変わること

を理解させましょう。

② 1番目は，フローチャートのア

のところで，足を閉じているところ

が誤りです。2番目は，フローチャ

ートのウで両手を下げ，エで，足を

閉じているところが誤りです。フロ

ーチャートから，2回くり返す部分

は，足を開きながら行うことがわか

るので，答えがしぼれます。

2 動きが連続しているため，何をく

り返しているか，わかりにくくなっ

ています。くり返し部分を，丸で囲

んでみることをアドバイスしてくだ

さい。フローチャートのそれぞれの

項目と絵とを線でつなぎ，対応させ

てみるとわかりやすいでしょう。

17 道を すすもう

1 ①下の図の○

②下の図の△

③下の図の×

2 ①イ ②エ ③ア ④ウ

アドバイス **1** 上の正解図のようになります。進路を①黒，②赤，③青の矢印で示し，くり返し部分を，その色の点線で囲んでいます。

2 進路は下の図のようになります。ア—黒，イ—赤，ウ—青，エ—緑の矢印で示しています。

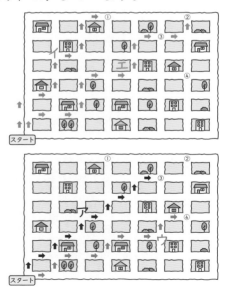

18 ごみの 出し方

1

①	②	③
月 曜日	月 曜日	火 曜日
火 曜日	水 曜日	水 曜日
木 曜日	木 曜日	金 曜日

※①，②，③すべて順不同

2

月曜日	火曜日	水曜日	木曜日	金曜日
ウ	エ オ	ア イ カ キ	ウ	エ

アドバイス **1** お子様にも身近な例ではないでしょうか。お子様もお手伝いして，場合分けを実感してみるとよいでしょう。これ以外にも，「場合分け」は日常生活でも現れやすいテーマです。意識することによって，知らず知らずのうちに論理的な思考が身につくでしょう。

2 **1**が「場合」ごとに分ける問題であるのに対し，**2**は分けられたものから「場合分け」のルールを見出す問題です。

19 みに つける ものを きめよう

41~42ページ

1 ①ク　　②ア　　③キ　　④エ
　　⑤ウ　　⑥カ　　⑦キ

2 ①4　　②3　　③2

!アドバイス **1** 曜日による場合分けに，雨の場合分けが加わっているところに注意させましょう。まず曜日で考え，次に雨かどうかを吟味するやり方がよいでしょう。

2 天気ごとの場合分けに，昨日と同じか否かの場合分けが加わっています。慎重に考えさせましょう。

フローチャートの書き方にも慣れるようにしたいです。「はい」「いいえ」に分かれるときの，独特な表現に注目させてください。

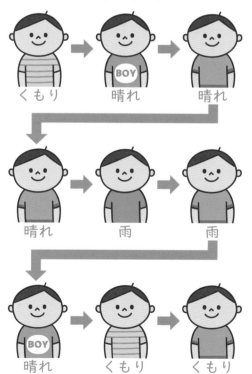

くもり → 晴れ → 晴れ
晴れ → 雨 → 雨
晴れ → くもり → くもり

20 めいろを すすもう

43~44ページ

1

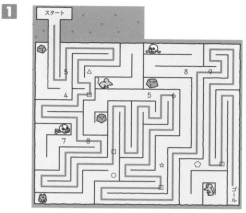

2

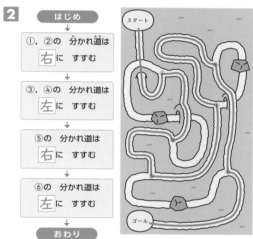

はじめ
↓
①，②の 分かれ道は **右** に すすむ
↓
③，④の 分かれ道は **左** に すすむ
↓
⑤の 分かれ道は **右** に すすむ
↓
⑥の 分かれ道は **左** に すすむ
↓
おわり

!アドバイス **1** 分かれ道か，そうでないかが1つ目の場合分け，分かれ道に数が書いてあるか，図形がかいてあるかが2つ目の場合分けです。やさしい迷路ですが，分かれ道では立ち止まり，フローチャートを確認しながら進ませてください。

2 迷路の正解ルートは上の通りです。ルートを確認しながらフローチャートの空欄に書きこませてください。ここでの「左」「右」は，進行方向に向かっての向きであることを最初に理解させておきましょう。

１

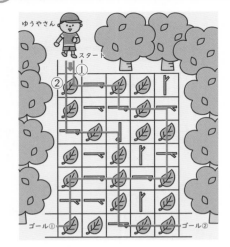

２ ゴール①ア…左　　イ…右

　　ゴール②ア…右　　イ…左

●アドバイス　**１**①　葉っぱに来た場合は次が枝，枝に来た場合は次が葉っぱ，というルールです。確認しながらゴール①まで進ませてください。

②　葉っぱのますをまっすぐ進み，枝に来た場合は，枝の指している方向へ進路を変える，というルールです。①と混乱しないように，整理して取り組ませてください。

２　下のような進路になります。フローチャートを見ながら，１ますずつ進んで行かせるとよいでしょう。

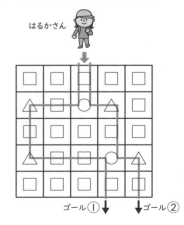

22 じゃんけんで すすもう 47~48 ページ

1 ① はるさん…ア　あきさん…ウ

② はるさん…ゴール

　　あきさん…カ

2

①

なつおさん	ふゆとさん
グー	¹パー
パー	グー
パー	²チョキ
グー	³パー
グー	パー
チョキ	パー

②

⁴パー	⁵グー
⁶パー	⁷グー

③チョキ

①アドバイス　**1**①　はるさんとあき
さんが，それぞれ１ます，３ます進
んだことを理解させましょう。

②　勝った方の手の形を〇で囲むな
どすると，わかりやすいでしょう。

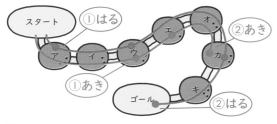

2①　ふゆとさんは，スタートから８
タイル進んでいます。２回戦（上か
ら２番目）で負けているため，残り
は全部勝ったと考えられます。

②　２人の移動の様子は右のように
なります。６回戦終了時点でなつお
さんは**オ**まで来ていて，ふゆとさん
のいる**サ**まで６タイル足りません。

このことから，残り２回はいずれも
パーで勝ったことがわかります。

なつおさん…●　　ふゆとさん…●

2回戦終了時点の結果

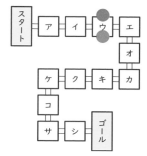

4回戦終了時点の結果

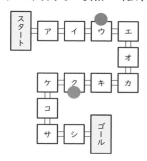

6回戦終了時点の結果

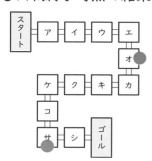

8回戦終了時点の結果

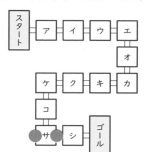

1（れい）

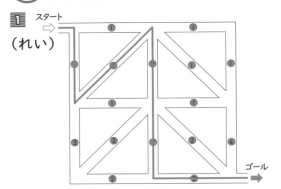

2 ネコ

		4	4	4	6	2				2	6	4	4	4	
		4	4	4	6	6	6			6	6	6	4	4	4
4	4	5	5	6	6	6	6			6	6	6	5	5	4	4
4	5	5	5	6	6	6	6			6	6	6	7	5	5	4
4	5	5	5	7	6	6	6			6	6	6	7	5	5	4
4	5	5	5	7	7	6	6	4	4	4	6	6	7	5	5	4
	5	5	5	7	7	6	6	4	4	4	6	6	7	5	5	5
	5	5	5	7	7	7	5	5	5	5	7	7	7	5	5	5
1	1	5	7	7	7	5	5	5	5	7	7	7	5	1	1
1	1	1	7	7	7	7	7	7	7	7	7	7	1	1	1
1	1	1	7	7	7	7	7	7	7	7	7	7	1	1	1
1	1	3	7	7	7	7	7	7	7	7	3	3	1	1	
1	1	3	7	7	7	7	7	7	7	7	3	3	1	1	
1	1	3	3	7	7	7	7	7	7	3	3	1	1		
1	1	3	3	3	3	3	7	3	3	3	3	1	1		
1	3	3	3	3	3	3	3	3	3	3	3	1			
	1	3	3	3	3	3	3	3	3	3	1				
		3	3	3	3	3	3	3	3	3					
			2	2	2	2	2	2	2						

ウサギ

		4	4	4	6	2				2	6	4	4	4	
		4	4	4	6	6	6			6	6	6	4	4	4
4	4	5	5	6	6	6	6			6	6	6	5	5	4	4
4	5	5	5	6	6	6	6			6	6	6	7	5	5	4
4	5	5	5	7	6	6				6	6	6	7	5	5	4
4	5	5	5	7	7	6	4	4	4	4	6	6	7	5	5	4
	5	5	5	7	7	4	4	4	4	6	6	7	5	5	5
	5	5	5	7	7	7	5	5	5	5	7	7	7	5	5	5
1	1	5	7	7	7	5	5	5	5	7	7	5	1	1	
1	1	1	7	7	7	7	7	7	7	7	7	1	1	1	
1	1	1	7	7	7	7	7	7	7	7	7	1	1	1	
1	1	3	7	7	7	7	7	7	7	3	3	1	1		
1	1	3	3	7	7	7	7	7	7	3	3	1	1		
1	1	3	3	7	7	7	7	7	3	3	1	1			
1	1	3	3	3	7	7	7	7	3	3	3	1	1		
	1	3	3	3	3	3	3	3	3	3	3	1			
	1	3	3	3	3	3	3	3	3	3	3	1			
		3	3	3	3	3	3	3	3	3					
			2	2	2	2	2	2	2						

ネズミ

		4	4	4	6	2				2	6	4	4	4	
		4	4	4	6	6	6			6	6	6	4	4	4
4	4	5	5	6	6	6	6			6	6	6	5	5	4	4
4	5	5	5	6	6	6	6			6	6	6	5	5	5	4
4	5	5	5	7	6	6				6	6	7	5	5	5	4
4	5	5	5	7	7	6	4	4	4	4	6	6	7	5	5	5	4
	5	5	7	7	7	5	5	5	5	7	7	7	5	5	5
	1	5	7	7	7	5	5	5	5	7	7	7	5	1	1
1	1	7	7	7	7	7	7	7	7	7	7	1	1	1
1	1	1	7	7	7	7	7	7	7	7	7	1	1	1
1	1	3	7	7	7	7	7	7	7	3	3	1	1	
1	1	3	3	7	7	7	7	7	7	3	3	1	1	
1	1	3	3	7	7	7	7	7	3	3	3	1	1	
1	1	3	3	3	3	7	7	3	3	3	3	1	1	
	1	3	3	3	3	3	3	3	3	3	3	1		
		3	3	3	3	3	3	3	3	3	3			
			2	2	2	2	2	2	2					

1 ①◯◯　②3　③▤

④◯◯◯◯　⑤5　⑥▤

2 ①◯◯◯　②◯◯◯◯

③◯◯◯　④◯◯

!アドバイス 　**1** まずは機械の意味を理解させましょう。上の２つの入り口から入力されたものが合計されて，下の出口から出力されるという意味です。③では，３目盛りと１目盛りを合わせて４目盛りとし，下から４目盛りのところに線を引いて答えとします。丸の中に色がぬられていなくてもかまいません。

2 **1**と同様，２つの入り口から入ったものが合計されて出力されることを確認させましょう。①～④それぞれで，□にあてはまる数を見つける計算になります。

①◯＋□＝◯◯◯◯

②◯◯＋□＝◯◯◯◯◯

③□＋◯＋◯◯◯＝◯◯◯◯◯◯

④◯＋◯◯＋□＝◯◯◯◯◯

1

① はじめ → （右）.2 → 左上.（1）→ （左下）.（1）→ おわり

② はじめ → 右,（1）→ （上）.1 → 左,（1）→ （下）.1 → おわり

③ はじめ → （右上）.1 → 左上,（1）→ （左下）.1 → 右下,（1）→ おわり

④ はじめ → 右,（2）→ （上）.1 → 左上,（1）→ （左下）.1 → 下,（1）→ おわり

2

① はじめ → 左下,（1）→ （左）.1 → 右下,（1）→ （下）.1 → 右上,（1）→ （右下）.1 → 上,（1）→ （右上）.1 → 左,（1）→ （左上）.1 → おわり

② はじめ → 右,（2）→ （右下）.1 → 下,（1）→ （右）.1 → 左下,（1）→ （左）.1 → 上,（1）→ （左上）.（2）→ おわり

!アドバイス 　プログラミングでは，ものの動きを数値で表すことが頻繁に行われます。方向と動きの大きさをフローチャートで指示します。動きを一つ一つ分解し，わかりやすく書き表す練習です。

26 数字に おきかえよう　55〜56ページ

1 ① ア 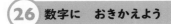 と あ　イ ▽ と （羽）
（○）　（　）　（　）　（○）

② 月 あ + （手） ＝（ 3 月）

日  + あ ＝（ 5 日）

2 ①ア…2　　イ…4　　ウ…5
②エ…はな　オ…はな　カ…目

●アドバイス　**1**① 数を別の記号に置き換える練習です。
② 月は2＋1，日は3＋2の答えになります。

2① 1＋1＝ア，　3＋1＝イ，2＋3＝ウ，を表しています。
② 2＋エ＝4，3＋オ＝5，カ＋3＝4を表しています。

27 おきかえて 読もう　57〜58ページ

1 きて，てつだって。
2 はつかにはれたらはなびをしよう。
3 ①あしたあつまろう
②あかいはこをあけろ
4 ①おはよう　②あとからいく

●アドバイス　**1** 「て」が「み」に置き換わっているため，「み」を「て」にもどすと，元の文になることを理解させましょう。
2 **1**と同様，「き」を「は」に置き換えます。
3 ひらがな50音の文字を1つずつ先へずらした暗号です。したがって，1つずつもどせば，元の文になることを理解させましょう。

28 どう 書きあらわす?　59〜60ページ

1 ①た…（4−一）　　ぬ…（5−三）
も…（7−五）　　り…（9−二）
②ア…とら　　イ…きつね
ウ…しまうま

2 ①ア…ふた　イ…ぶた　ウ…ふだ

②
(6−二−○)（×）　　(6−五)（×）
↓　　　　　　　↓
(10−五)（　）　　(1−三)（　）
↓
(3−二)（　）

(9−一)（　）
↓
(4−三)（×）
↓
(6−一−○)（　）

●アドバイス　**1**① 50音表の，「右から何番目」と「上から何番目」の数値で，ひらがなを表しています。実際に書いてみると，しくみを理解できるでしょう。
② 1文字ずつ見比べさせましょう。
2 **1**の表し方に□と○をつけて，濁音と半濁音を表しています。△をつけると小さい文字になります。
② プログラムの不具合を見つけることを「デバッグ」といいます。「バグ」とはもともと「虫」のことで，間違いをバグといいます。本問はデバッグを目的とした問題になっています。

1 ① わりばし
② じてんしゃ
③ まほうつかい
④ ソフトクリーム
⑤ けんこうしんだん

2 ①

```
はじめ
↓
か を ウに おく
↓
い を ア に おく
↓
か を イ に おく
↓
おわり
```

② （れい）

```
はじめ
↓
け を エ に おく
↓
と を ア に おく
↓
い を ウ に おく
↓
け を イ に おく
↓
おわり
```

アドバイス **1** 言葉は文字に「分解」されます。一つ一つの文字を組み合わせることによって，さまざまな言葉にする（「整理」）ことができます。その体験が，この問題のねらいですので，時間がかかっても，お子様の試行錯誤を見守りましょう。

2 言葉を構成する文字を並べ替えることで，別の言葉を作ります。その順序を考えてフローチャートに記入する複合問題です。落ち着いて取り組ませてください。②は上の例以外の解答も考えられます。

1 ① ② ③

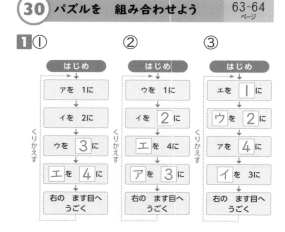

2 ① ②

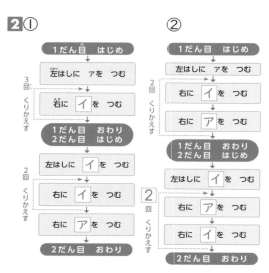

アドバイス **1** 円を4分割した形を組み合わせることで，円以外に2種類の形を作りました。くり返しのプログラミングを用いることで，模様ができていきます。歩道のタイルなどのデザインは，こうしたことが基本になっています。

2 レンガの積み方には，いくつか方式があり，その方式にのっとることで美しく頑丈な積み上がりになります。フローチャートを使うと，誤解なく伝えることができます。

31 あそびの しくみ

65~66 ページ

1 ア…はい　イ…いいえ
　ウ…グー　エ…パー　オ…パー

2 ア…はい　　イ…いいえ
　ウ…いいえ　エ…はい
　オ…自分　　カ…あい手

アドバイス **1** いつもやっている
ことをフローチャートにしてみるこ
とは，プログラミング学習にとって
たいへん有意義です。ここでは自分
が勝つとした場合のフローチャート
を紹介しましたが，相手が勝つとし
た場合のフローチャートも作れます
（下図）。

　分岐するときは，通常ひし形の枠
を用いますので，慣れるようにして
ください。

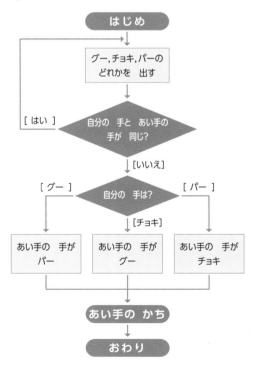

2 「あっちむいてほい」のルールを確
認してから始めるとよいでしょう。

　ほかにも，トランプのルール，ペ
ットの世話，花への水やりなど，自
分のやり方をフローチャートにして
みると，プログラミングのよい練習
になります。お子様と取り組んでみ
ましょう。

32 ゴールまで すすもう

1 ①イ　　②ア　　③ウ

2 ア…左　　イ…右

ウ…はい（ある）

エ…いいえ（ない）

⏺アドバイス　**1**　進み方の決まりを
くり返し，ゴールに入ったら終了で
す。「左」「右」は，進行方向を前方
に見たときの向きであることを，確
認させましょう。

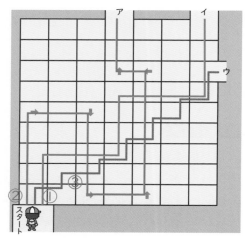

2　赤で左折，青で右折，★印では同
じ色の★印のますまでジャンプする
ルールです。それをフローチャート
から読み取らせましょう。

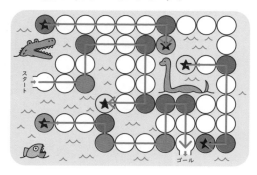

33 ものを そうじゅうしよう

1 ①1-イ　　②3-ウ

③2-エ　　④4-ア

2

```
    はじめ
      ↓
ア と ウ を おす
      ↓
ウ と エ を おす
      ↓
ア と ウ を おす
      ↓
ア と イ を おす
      ↓
    おわり
```

⏺アドバイス　**1**　ゲームのキャラク
ターも，さまざまな場合分け，条件
でプログラミングされています。複
雑な動きも小さな動きの組み合わせ
で表現されることに気づかせてくだ
さい。

2　ドローンの操縦を，出題用に簡略
化しています。対角線上のプロペラ
を速く回すと，ドローン本体を回転
させることができます。またプロペ
ラを，4枚とも速く回すと上昇し，
ゆっくり回すと下降します。こうし
たもの1つ1つにプログラミングが
使われていることをお子様と話題に
してみてください。

34 コンピュータの ことば　71~72ページ

1 ON　01001111 01001110

　OFF　01001111 01000110 01000110

　GO　01000111 01001111

　OUT　01001111 01010101 01010100

　SAFE　01010011 01000001 01000110
　　　　01000101

2 省略

? アドバイス　**1**　1つの文字でも，0と1で表すと長くなります。しかし光や電気の速度は，1秒間に地球を7周半できる高速のため，瞬時に情報の伝達ができます。

2　名前や言葉を0と1で書き表し，コンピュータを身近なものに感じられるとよいでしょう。

35 まとめテスト　73~74ページ

1 ①　　②(れい)　　③

2 ①あエ　①カ　②ア　②イ　②カ

　または

　あエ　①カ　②イ　②ア　②カ

②

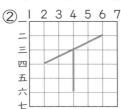

3 さんじにこうえんにきてね

4

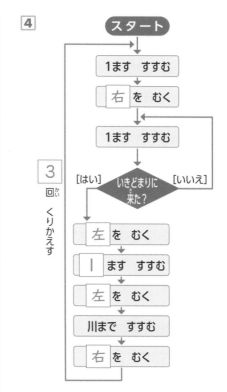

? アドバイス　**1**　16個のますを4つのパーツに分けることから，1つのパーツは，4+4+4+4=16で，4個のますからできていることがわかります。②は別解も考えられます。

2　カタカナの「イ」の書き方を表しています。ほかの字でもフローチャートを書いてみるとよいでしょう。

3　「読む・読まない・読まない」をくり返していくと，「さらえん~~くん~~じ~~し~~にに あきこまそうよね」となり，「読まない・読まない・読む」をくり返していくと，「さらえん~~くん~~じ~~し~~ににあきこまてうよね」となります。